Johannes Hoppe

Die Stiftshütte
oder
Was Mose im Gepäck hatte

Johannes Hoppe

Die Stiftshütte

oder
Was Mose im Gepäck hatte

Schulte & Gerth

Das vorliegende Buch wurde ursprünglich für Vorträge und als Broschüre für die Besucher der Erlebnisausstellung EXPO EXODUS '95 konzipiert. Kurzfristig entschlossen sich Autor und Verlag zu einer Veröffentlichung der Bibelarbeit in Form eines Taschenbuchs.

Best.-Nr. 815 403
ISBN 3-89437-403-9
1. Auflage 1995
Umschlaggestaltung: Michael Wenserit
Titelfoto: Paul F. Kiene
Illustrationen: VARIATION DESIGN, L. Leuenberger, Weil a. Rh.
(alle Rechte liegen beim Grafiker)
Die Bibeltexte wurden entnommen aus der Lutherbibel, revidierter Text 1984, mit freundlicher Genehmigung der Deutschen Bibelgesellschaft Stuttgart
Satz: Die Feder GmbH, Wetzlar
Druck und Verarbeitung: Ebner Ulm
Printed in Germany

Inhaltsverzeichnis

Vorwort

Zunächst möchte ich Sie herzlich begrüßen und beglückwünschen. Wozu? Nun, Sie wagen sich an ein Thema heran, das viele als eines der langweiligsten Themen der Bibel bezeichnen, die Stiftshütte. Daß dem nicht so ist, möchte ich Ihnen nachfolgend zeigen. Aber ich muß Sie auch dringend warnen. Wenn Sie einmal mit der Stiftshütte angefangen haben, werden Sie so schnell nicht wieder aufhören. Ich kenne Leute, die sich bereits seit Jahren mit dem Thema beschäftigen und noch lange nicht am Ende sind. Also, Achtung!

Sollten Sie sich aber davon nicht abschrecken lassen, sind Sie genau beim richtigen Thema. Für eine Vortragsreihe zum Thema Stiftshütte beschäftigte ich mich mit dem entsprechenden Bibeltext und wäre beinahe dabei eingeschlafen. So viele Begriffe und Maßeinheiten gab es da, die ich nicht verstand. Schrecklich aber auch! Daraufhin ging ich noch einmal an den Text heran und schrieb mir die Daten heraus, die ich nicht verstand. Diese übertrug ich dann in aktuelle Werte. Schon begann sich mir eine Welt zu öffnen. Es war wie ein „Sesam öffne dich“. Durch den ersten Einstieg gab es immer wieder neue Fragen und Überlegungen, die ich dann wieder weiterverfolgte.

An einer bestimmten Stelle kam ein entscheidender Aspekt hinzu: Was sagt eigentlich das Neue Testament zur Stiftshütte? Zu meinem Erstaunen ist sie ein wichtiger Bestandteil des Neuen Testamentes; das hätte ich nicht gedacht. Aufgrund dieser vielen Überlegungen entstand eine Bibelarbeit der nicht ganz alltäglichen Sorte. Sie werden bald merken, was bei diesem Buch anders ist. Lassen Sie sich überraschen!

Mein Wunsch für Sie, den Leser, ist folgender: Ich möchte,

1. daß Sie einen praktischen Bezug zur Stiftshütte bekommen und auch für sich merken, wie aktuell sie noch ist und
2. daß Sie sich diesen neuen Stil einer Bibelarbeit „abgucken".

Also viel Spaß bei dem Abenteuer oder „Krimi" mit dem Titel

„Stiftshütte
oder
Was Mose im Gepäck hatte"

Ihr Johannes Hoppe

1. Einleitung

Liebe Leser,
heute möchte ich Sie zu einem besonderen Erlebnis einladen. Jeder Schüler wartet ca. drei- bis viermal im Jahr auf diese Zeit, und jeder Arbeitnehmer wartet ein- bis zweimal im Jahr auf diese besondere Sache – ich rede vom Urlaub. Stellen Sie sich vor, vor dem Haus steht in ein paar Minuten ein Taxi. Dieses wird Sie zum Flughafen bringen. Dort werden Sie in ein bereitstehendes Flugzeug in Richtung Israel einsteigen. Nach ca. drei Stunden Flug landen Sie in Israel. Ich weiß nicht, wie es Ihnen geht, aber ich habe meistens das Glück, daß ich in der Mitte sitze, also nicht zum Fenster hinaussehen kann. Ist also dann die Maschine gelandet, packe ich alle meine Sachen zusammen und stelle mich in der Schlange an, um die Maschine zu verlassen. Je näher ich dem Ausgang komme, desto gespannter werde ich. Was wird mich dort erwarten? Endlich komme ich vorne an und sehe das erste Mal einen Teil vom meinem Ziel:

Sie sehen hier an der einen Seite eine Touristengruppe, die gerade wieder abreisen will. Auf der anderen Seite steht einen Nomade, der uns freundlich begrüßt. Eine Sache habe ich Ihnen allerdings noch nicht verraten. Sie sind nicht nur nach Israel geflogen. Im Flugzeug war auch eine Zeitmaschine eingebaut. Sie sind 1995 losgeflogen und ca. 3.400 Jahre früher, im Jahre 1.400 v. Chr., gelandet. Und wie überall üblich, wird der Flughafen nach einer Persönlichkeit des Landes benannt. Hier in der Mitte ist der für uns wichtigste Mann. Sind Sie schon mal mit einem Reiseunternehmen in Urlaub gefahren? – Sobald Sie an Ihrem Zielflughafen angekommen sind, steht dort meistens ein Vertreter der Organisation, der Sie dann begrüßt und Sie in den nächsten Tagen begleiten wird. Dieser nette Mensch hier in der Mitte ist niemand anderer als der zweite Assistent des Mose. Er wird uns jetzt zu unserem Reiseziel, dem Volk Israel unter der Leitung von Mose, bringen. Die Reise dorthin machen wir natürlich nicht im klimatisierten Reisebus mit Video, Kühlschrank, Küche und Toilette, sondern sie werden standesgemäß reisen.

Nachdem Sie nun etwa zwei bis drei Tage geritten sind, haben Sie bereits zahlreiche größere und kleinere Hügel bewältigt. Wie geht es Ihnen so? Sobald ich einen Berg hinaufkomme, weiß ich zwei Dinge: Zum einen, es wird irgendwann wieder bergab gehen. Zum zweiten habe ich immer wieder eine Frage, die ich mir stelle: Wie wird es hinter der Bergkuppe aussehen? Stellen Sie sich also vor, wir haben in der Zwischenzeit einige Tage der Reise hinter uns. Wir sind einen Berg hinaufgekommen und sehen auf einmal dieses Bild vor uns:

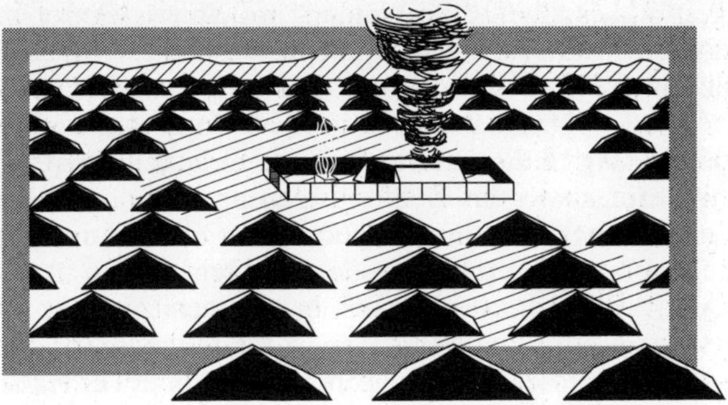

Es ist das Lager des Volkes Israel. In der Mitte die Anlage mit der Stiftshütte. Außen herum die vielen Zelte des Volkes Israel. Ich möchte Ihnen nun im folgenden unser Reiseziel etwas näherbringen. Im zweiten Buch Mose oder auch dem Buch Exodus wird ja alles über die Stiftshütte erzählt. Zunächst stellt sich da die Frage: Was ist eigentlich eine Stiftshütte? Ich fragte daraufhin einige Personen und erhielt unterschiedliche Antworten. Nun, sie ist das bewegliche Tempelheiligtum des Volkes Israel zur Zeit Moses. Im Alten Testament werden ihr Zweck und der Aufbau genau beschrieben.

Die meisten, mich selbst eingeschlossen, begannen diesen Text zu lesen und sind dabei eingeschlafen. Aus diesem Grunde begann ich die Stiftshütte und das Geschehen darum herum auf einem anderen Weg zu erarbeiten: Ich habe die Stiftshütte mit allen ihren Angaben herausgearbeitet und in aktuelle Werte umgerechnet. D. h. alle Werte lauten jetzt auf DM, kg und cm. Mein Vortrag hat deswegen das Motto „Stiftshütte – praktisch gesehen“. Nachdem ich nun alle Daten umgerechnet hatte, bin ich zu Fachleuten gegangen und habe sie um ihre Meinung gefragt. So war ich bei der Feuerwehr, bei einem Goldschmied, und und und. Nachdem ich auch diesen Bereich erarbeitet hatte, machte ich mich für einen weiteren Bereich schlau. Was sagt eigentlich das Neue Testament zu der Stiftshütte? Jeder einzelne Bereich, den ich jetzt zusammen mit Ihnen erarbeiten möchte, wird auf die gleiche Art und Weise vorgestellt. Alle Kapitel sind folgendermaßen aufgebaut: Zunächst kommt der Originaltext der Bibel, dann folgt meine Übertragung in die heutige Zeit. Zum Schluß folgt eine Betrachtung, was das Neue Testament zu den einzelnen Aspekten sagt. So kann die Stiftshütte, obwohl uralt, für jeden ganz persönlich begreifbar werden.

Ach, bevor ich es vergesse: Meine Betrachtungen sollen keine wissenschaftliche Arbeit darstellen. Ich möchte Ihnen, lieber Leser, diese Bibeltexte nur etwas näherbringen. Eine wissenschaftliche Überprüfung könnte wahrscheinlich andere Werte erbringen. Das Wichtigste dieser ganzen Sache ist, daß man ein Gefühl für die Stiftshütte und das Alte Testament bekommt.

Und ein weiterer Punkt: Die dargestellte Symbolik werden Sie so nicht in der Bibel aufgeschrieben finden. Vergleichen Sie aber meine Aussagen mit den Aussagen der Bibel, so können Sie den Zusammenhang erkennen. Die Überlegungen, die ich hier anstelle, haben somit alle eine gemeinsame Basis – das Neue Testament.

So, jetzt geht es los. Sind Sie bereit? – Also vorwärts!

2. Grundlagen

Damit Sie einen kleinen Überblick über den geschichtlichen Hintergrund bekommen, möchte ich kurz ein paar Informationen geben.

Das Volk Israel war ca. 400 Jahre in ägyptischer Gefangenschaft und mußte dort den jeweiligen Pharaonen dienen. Als Gott Mose klarmachte, daß sie weiterziehen sollten, sprach dieser mit dem Pharao. Seine Bitte, freigelassen zu werden, lehnte der Pharao ab. Daraufhin gab es die bekannten zehn Plagen. Nach der letzten Plage ließ der Pharao das Volk Israel ausziehen. Das Volk wanderte zunächst an das Rote Meer. Bis dorthin wurden sie noch von den ägyptischen Streitmächten verfolgt. Dort ereignete sich die bekannte Geschichte, daß sich das Meer teilte und das Volk Israel hindurchmarschieren konnte. Als die Ägypter ihnen folgen wollten, kehrte das Meer in sein altes Bett zurück und begrub die Ägypter unter sich. Diese Geschichte war auch Hintergrund einiger bekannter Verfilmungen, z.B. des Filmes „Die 10 Gebote“. Das Volk wanderte weiter gen Süden und erreichte den Berg Sinai, wo es sich lagerte. Gott befahl Mose, auf den Berg Sinai zu gehen. Oben angelangt, gab er Mose die Zehn Gebote für das Volk Israel. Kurze Zeit später mußte Mose erneut auf den Berg, wo Gott ihm die Anweisungen zum Bau der Stiftshütte gab.

Über die verwendeten Umrechnungsmaße von den biblischen zu unseren heutigen Werten finden Sie in Anhang 4 nähere Angaben. Zu den Bibelstellen möchte ich Ihnen noch eine kleine Hilfe geben: Jeweils am Beginn eines Kapitels stehen die Bibeltexte, die zu diesem Kapitel gehören. Als erstes wird das Buch der Bibel und das Kapitel genannt. Im Anschluß stehen die einzelnen Verse. Die Zahlen, die in Klammern stehen, sind die Versangaben. So können Sie jeden einzelnen Vers genau bezeichnen bzw. wiederfinden. Bei der Bezeichnung der Bücher der Bibel kann ein kleines Problem auftauchen:

Einige Bibeln haben eine andere Bezeichnung ihrer einzelnen Bücher. Damit Sie sich aber zurechtfinden können, finden Sie nachstehend die anderen Bezeichnungen.

1. Buch Mose	–	Genesis
2. Buch Mose	–	Exodus
3. Buch Mose	–	Leviticus
4. Buch Mose	–	Numeri
5. Buch Mose	–	Deuteronomium

Innerhalb der Bibeltexte finden Sie einige Texte, die fett gedruckt sind. Das sind die gekennzeichneten Verse, auf die im weiteren Text eingegangen wird. Finden Sie einen Text, der in Klammern steht, so sind das Ergänzungen oder Annahmen von mir persönlich. Damit Sie einen Überblick über den einen oder anderen Fakt bekommen, wurden diese Ergänzungen hinzugefügt. Die Bibel gibt keine genauen Angaben zu diesem Aspekt. Diese Ergänzungen bzw. Annahmen meinerseits werden immer gekennzeichnet sein und können somit von Angaben der Bibeltexte unterschieden werden.

Übrigens, bei den Größenangaben ist noch eine kurze Information anzufügen. In der Bibel wurde als Längenmaß die sogenannte Elle verwendet. Dies ist ein Maß vom Ellbogen bis zur Hand. Da es unterschiedlich große Menschen gibt, sind auch deren Ellen unterschiedlich groß. So ist z.B. die biblische Elle heute zwischen 0,46 m und 0,50 m lang. Um eine allgemeine Vorstellung zu bekommen, habe ich in dieser Bibelarbeit das Maß 0,46 m zugrunde gelegt. Falls Sie gerne wissen möchten, welche Umrechnungen ich bei den anderen Werten verwendet habe, können Sie das in Anhang 4 nachlesen.

Für zahlreiche Aspekte in dieser Ausarbeitung griff ich auf Aussagen von Conrad Schick zurück. 1812 geboren, wurde er königlich württembergischer Baurat (Architekt). Zeit seines Lebens beschäftigte er sich mit der Stiftshütte. So betrachtete er sie u.a. auch aus dem Blickwinkel des Architekten und veröffentlichte diese Arbeiten 1896 in Berlin. Für meine Ausarbeitung konnte er mir einige hilfreiche Anregungen geben. Übrigens war Conrad Schick 50 Jahre Architekt in Jerusalem und baute dort die Stadt mit auf.

Dieses Taschenbuch ist in der Reihenfolge aufgebaut, wie Sie Ihren Besuch in der Stiftshütte erleben würden. Überlegungen, die nicht in eines der Kapitel passen, oder auch einige Kuriositäten, können Sie im Kapitel 24 nachlesen. Im Anhang finden Sie einige Aufstellungen, die Ihnen die Stiftshütte etwas näherbringen.

Eine Sache möchte ich aber nicht vergessen, Ihnen zu sagen: Im dritten Teil eines jeden Kapitels erläutere ich Ihnen die Symbolik der Stiftshütte in bezug auf das Neue Testament. Eines kann ich aber auf keinen Fall leisten: Daß meine Ausführungen zu diesem Thema vollständig sind. Würde man alle Aspekte einbringen, so wäre das zum einen ein eigenes Buch, zum anderen möchte ich Ihre Phantasie in bezug auf die Stiftshütte ja ein wenig anregen. Aber nach meiner Einstiegshilfe sollten Sie leicht alleine zurechtkommen. Ich werde Ihnen also in diesem dritten Teil einige Gedankenanstöße geben. Über alles weitere müssen Sie sich Ihre eigenen Gedanken machen. Sie werden überrascht sein, auf welchen Gedankenwegen Sie sich wiederfinden werden! Mir hat es jedenfalls bei der Vorbereitung des Buches viel Spaß gemacht, mich auf dieses Wagnis einzulassen. Lassen Sie sich überraschen, und kommen Sie jetzt mit mir in die Stiftshütte hinein. Viel Spaß!

3. Akazienholz

Die Verwendung von Akazienholz wird an mehreren Stellen im 2. Buch Mose berichtet. Alle Stellen hier aufzuführen, würde den Rahmen sprengen. Aus diesem Grunde werde ich Ihnen nachstehend nur einzelne Textstellen als Beispiel auflisten.

2. Mose 25: (10) Macht eine Lade aus Akazienholz; zwei und eine halbe Elle soll die Länge sein, anderthalb Ellen die Breite und anderthalb Ellen die Höhe . . . (13) Und mache Stangen von Akazienholz und überziehe sie mit Gold (14) und stecke sie in die Ringe an den Seiten der Lade, daß man sie damit trage. (15) Sie sollen in den Ringen bleiben und nicht herausgetan werden . . . **(23) Du sollst auch einen Tisch machen aus Akazienholz; zwei Ellen soll seine Länge sein, eine Elle seine Breite und anderthalb Ellen seine Höhe . . . (28) Und du sollst die Stangen aus Akazienholz machen und sie mit Gold überziehen, daß der Tisch damit getragen werde.**

2. Mose 26: (15) Du sollst auch Bretter machen für die Wohnung, aus Akazienholz, zum Aufstellen . . . (26)

Und du sollst Riegel machen aus Akazienholz, fünf zu den Brettern auf der Langseite der Wohnung . . . (31) Du sollst einen Vorhang machen aus blauem und rotem Purpur, Scharlach und gezwirnter feiner Leinwand und sollst Cherubim einweben in kunstreicher Arbeit **(32) und sollst ihn aufhängen an vier Säulen von Akazienholz, die mit Gold überzogen sind und goldene Nägel und vier silberne Füße haben** . . .(36) Und du sollst eine Decke machen für den Eingang des Zeltes aus blauem und rotem Purpur, Scharlach und gezwirnter feiner Leinwand in Buntwirkerarbeit **(37) und für die Decke fünf Säulen aus Akazienholz, mit Gold überzogen, mit goldenen Nägeln, und sollst für sie fünf Füße aus Kupfer gießen.**

2. Mose 27: (1) Du sollst einen Altar machen aus Akazienholz, fünf Ellen lang und ebenso breit, daß er viereckig sei, und drei Ellen hoch . . . (6) Und du sollst zu dem Altar auch Stangen machen aus Akazienholz, mit Kupfer überzogen.

2. Mose 30: (1) Du sollst auch einen Räucheraltar machen aus Akazienholz, (2) eine Elle lang und ebenso breit, viereckig, und zwei Ellen hoch mit seinen Hörnern . . . **(5) Die Stangen sollst du auch aus Akazienholz machen und mit Gold überziehen.**

2. Mose 35: (5) Erhebt von eurem Besitz eine Opfergabe für den Herrn, so daß ein jeder die Opfergabe für den Herrn freiwillig bringe: Gold, Silber, Kupfer . . . **(7) rotgefärbte Widderfelle, Dachsfelle und Akazienholz,** (8) Öl für die Lampen und Spezerei zum Salböl und zu wohlriechendem Räucherwerk, (9) Onyxsteine und eingefaßte Steine zum Priesterschurz und zum Brustschild . . . **(24) Und wer eine Opfergabe von Silber und Kupfer geben wollte, der brachte es dem Herrn als Opfergabe. Und wer Akazienholz hatte, der brachte es zu allerlei Verwendung für den Dienst.**

Akazienholz wurde zum Bau der Stiftshütte verwendet. Da diese Holzart nicht ganz so bekannt ist, machte ich mich auf den Weg zu einem Schreiner. Dort angelangt, erfuhr ich einige interessante Fakten: Es gibt eine arabische Akazie (Acacia Arabica) und eine europäische Akazie. Die arabische Akazie gibt es heute nicht mehr. Warum? Dies hat eine ganz einfache Erklärung: Zur Zeit Moses gab es auf der Sinaihalbinsel einige Akazienwälder. Da das Volk Israel und die Ägypter damals die Bäume abholzten und nicht an eine Wiederaufforstung oder Bewässerung dachten, wurden die Bestände immer kleiner. Heute gibt es in diesem Bereich keinerlei Akazienwälder mehr. Die europäische Akazie kommt im mittleren Europa jedoch auch noch heute vor. Die weiteren Informationen über die Akazie konnte ich daher nur über die europäische Akazie finden und hier wiedergeben.

Das Akazienholz ist eines der härtesten Hölzer, das es gibt. Das Holz ist sehr belastbar, und daher bricht es nicht so schnell wie andere Hölzer. Ein Akazienholzstamm kann bis zu 30 m hoch werden und einen Durchmesser von ca. 0,8 m bis 1 m bekommen. Diese Holzart ist das schwerste europäische Nutzholz mit einem relativ hohen spezifischen Gewicht (0,8g/cm^3). Dadurch bedingt ist es auch ein sehr hartes Holz. Eine Bearbeitung mit der Hand bzw. mit einfachen Geräten ist fast nicht zu bewältigen. Als Bauholz und für besondere Verwendungen hat es aber eine wichtige Eigenschaft: Es ist sehr elastisch und besitzt eine hohe Bruchfestigkeit. Kaum ein anderes Holz kann solche Werte vorweisen. Dadurch hat das Holz eine hohe Durchbiegefähigkeit und hält hohen Belastungen stand. Eine der weiteren Besonderheiten des Holzes sind die Knistergeräusche, die es abgibt, bevor es bricht. Somit kann das Gewicht verringert werden, bevor das Holz auseinanderbricht. Das Holz hat, wie schon oben beschrieben, eine hohe Dichte. Trotz dieser Dichte hat das Akazienholz nur einen geringen Schwund. Wurde das Akazienholz getrocknet, so arbeitet es später nicht mehr, im Gegensatz zu anderen Holzarten. Da es aber nur sehr langsam austrocknet, muß eine sorgfältige Lagerung und Trocknung gewährleistet sein. Durch seine Dichte und Härte besitzt es außerdem eine hohe Dauerhaftigkeit. Versucht man das Holz in einer Kesseldruckimprägnierung mit einer Flüssigkeit zu tränken, so ist dies nur schwer möglich.

Das Holz kann für vielerlei Zwecke eingesetzt werden. Besonders gut eignet es sich aufgrund der einzigartigen Eigenschaften als Bau- und Konstruktionsholz. Meist wird es im Erd- und Wasserbau, für Brücken, Wassermühlen und als Schwellenholz im Eisenbahnbau etc. verwendet.

Symbolik und Zusammenhang mit dem Neuen Testament

Ein direkter Vergleich zum Neuen Testament läßt sich nicht ziehen. Dennoch möchte ich an dieser Stelle einen Bezug zum Neuen Testament und zu unserem heutigen Leben herstellen.

Das Akazienholz ist, wenn es als Baum wächst, nicht sehr schön anzusehen. Aber obwohl es so „häßlich" ist, haben Sie ja gerade gelernt, wie vielseitig es sich dennoch verwenden läßt. Wie kann man aber eine Beziehung zwischen dem Holz und uns heute herstellen?

Der „Baumeister" der Stiftshütte gab z.B. die Anweisung, die Bäume zu fällen, damit sie verarbeitet werden konnten. Er befahl den Arbeitern, daß die von ihm ausgewählten Bäume gefällt würden. Und er ging nicht zu den Bäumen und fragte sie, ob sie vielleicht jetzt oder erst in ein paar Tagen gefällt werden möchten, sondern er bestimmte die Bäume und die Verwendung der einzelnen Baumstämme. Das Holz wurde nicht gefragt, ob es ein Bestandteil des Brandopferaltars, Brennholz, ein Pfosten des Vorhofs oder ein Brett der Stiftshütte werden wollte. Je nach Eignung entschied der Bauherr den Verwendungszweck des einzelnen Stammes. Je nach Funktion wurde dieser Baumstamm dann weiter verarbeitet. Als Brennholz wurde er nur in kleine Stücke geschlagen, als Teil des Brandopferaltars mußte er jedoch bearbeitet werden. Wurde das Holz für die Bretter der Stiftshütte verwendet, so wurden sie weiter verfeinert, glatt geschliffen und anschließend vergoldet.

Wie schaut das heute bei uns aus? Lassen wir uns ohne Klage von unserem „Bauherrn" bestimmen und einsetzen? Sind wir mit der Verwendung immer einverstanden? Lassen wir uns „bearbeiten", um für unsere spätere Aufgabe gerüstet zu sein? Diese Fragen stelle ich nicht nur Ihnen. Ich selbst bin ebenfalls angesprochen.

Nun noch zu einer Besonderheit des Akazienholzes, den Knistergeräuschen vor seinem Durchbrechen. Wird, wie schon weiter oben beschrieben, das Holz zu sehr belastet, beginnt das Holz Knistergeräusche abzugeben, somit kann das Gewicht verringert werden. Wie sieht es bei uns aus? Wenn wir im Beruf oder in der Gemeinde zu sehr belastet werden, versuchen wir bis zuletzt durchzuhalten. – Warum? Warum geben nicht auch wir „Knistergeräusche" ab, um so von unserem Problem kundzutun und uns helfen zu lassen? Meiner Meinung nach könnten gerade in Gemeinden viele Probleme umgangen und gelöst werden, wenn die betroffenen Gemeindemitglieder sich vor einem „Zusammenbruch" melden würden. Lassen wir doch das Akazienholz ein Vorbild für uns sein, und melden wir uns das nächste Mal, bevor wir an der Vielfalt der Aufgaben und Belastungen zerbrechen.

Und hören wir auf die „Knister- und Knackgeräusche" der anderen? Merken wir, wenn es jemand anderem schlecht geht und er unter seiner vielen Arbeit kaputtgeht?

4. Gesamtanlage

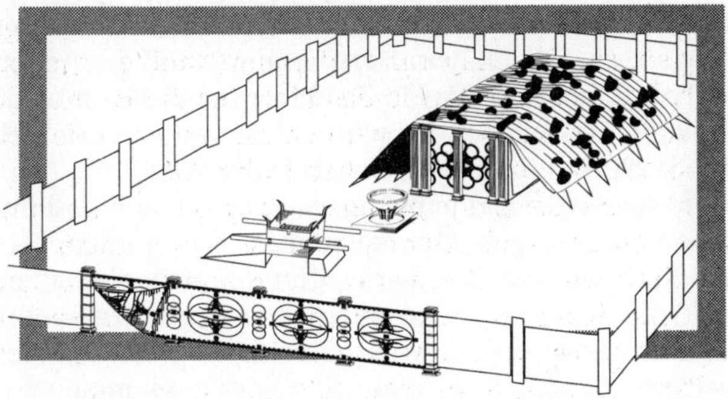

2. Mose 25: (8) Und sie sollen mir ein Heiligtum machen, daß ich unter ihnen wohne. (9) Genau nach dem Bild, das ich dir von der Wohnung und ihrem ganzen Gerät zeige, sollt ihr's machen.

Praktisch gesehen

Jetzt fahren wir mit unserer versprochenen Reise fort. Nachdem wir den Lagerplatz des Volkes Israel erreicht und Sie jetzt einige Grundinformationen bekommen haben, geht es weiter. Wir waren ja einige Tage durch die Wüste gewandert und dem zweiten Assistenten des Mose gefolgt. Als wir dann eines Tages oben auf dem Gipfel eines Hügels standen, sahen wir auf einmal das Volk Israel vor uns lagern. Am Rande die zahlreichen Zelte der einzelnen Stämme. In der Mitte die Anlage rund um die Stiftshütte. Den Lagerplatz werden wir etwas später näher betrachten. Zunächst möchte ich mit Ihnen jedoch die Stiftshüttenanlage erarbeiten.

Mit dem Begriff „Stiftshütte" kann man ja nicht viel anfangen. Deshalb fragte ich mal im Bekanntenkreis herum und erhielt verschiedenste Antworten: „Kenn' ich, Wanderhütte, Grillhütte, Berghütte. . ." oder auch

„Filzstift, Buntstift, Bleistift, AZUBI . . .", aber die Stiftshütte kannte niemand. Nun, des Rätsels Lösung ist einfach: In 2. Mose 25, Vers 8 gab Gott Mose eine klare Anweisung. Das Volk Israel sollte ihm eine Wohnung bauen. Als Mose auf dem Berg Sinai war, um die Anweisungen entgegenzunehmen, konnte er auch das fertig geplante Heiligtum Gottes sehen (2. Mose 25, Vers 9). Mose kam vom Berg Sinai herab und gab die erhaltenen Anweisungen an das Volk Israel weiter. Die Stiftshütte hat in anderen Bibelübersetzungen verschiedene Namen. Meistens wird sie dann „Zelt der Begegnung" genannt, da Gott hier den Menschen begegnen wollte. Betrachtet man nun meine einzelnen noch folgenden Ausführungen, so kann man einen Zusammenhang zwischen den Aufgaben der Stiftshütte und der Beschreibung „Zelt der Begegnung" finden. Wie kam aber Luther auf den Begriff „Stiftshütte"?

In einem Bibellexikon wurde darauf hingewiesen, daß Luther den hebräischen Begriff „ohel moèd" in einem bestimmten Zusammenhang übertrug. „Er versteht dabei unter Stift ein zu gottesdienstlichen Zwecken gestiftetes Gebäude, einen von Gott gestifteten Ort, dahin das Volk Israel kommen und Gottes Wort hören konnte, so daß für ihn Stiftshütte oder Hütte des Stifts wohl soviel hieß als: die Hütte oder das Zelt, das zugleich ein Stift ist oder das Stift, das aus einem Zelt besteht." Nun, was heißt das jetzt im Klartext? Im Althochdeutschen wurde ein Ort, an dem man Gott begegnen konnte, mit „Stift" bezeichnet. Da man in der sogenannten Stiftshütte ja Gott begegnen konnte, und dieses Gebäude die Form eines Zeltes oder einer Hütte hatte, schuf Luther den Begriff „Stiftshütte". Andere Übersetzungen beschreiben es jedoch als „Zelt der Begegnung". Aus Platzgründen und aufgrund der Tatsache, daß ich mir im Laufe der Zeit den Begriff „Stiftshütte" angewöhnt habe, werde ich also weiterhin den Begriff von Martin Luther verwenden.

Um dieses Zelt der Begegnung, die Stiftshütte, sollte ein großer Vorplatz gebaut werden. Die Stiftshütte und der Vorplatz werden in den nächsten Kapiteln noch eingehender beschrieben. Ich möchte Ihnen an dieser Stelle noch ein paar allgemeine Informationen zur gesamten Anlage geben.

Die gesamte Grundfläche der Anlage war ca. 1.058 m^2 groß, genauer gesagt 23 m breit und 46 m lang. Zum Vergleich könnte man sagen, daß vier solcher Stiftshüttenanlagen auf einen Fußballplatz passen würden. Um diese Anlage wurde ein Trennvorhang aufgestellt. Dieser Vorhang war 2,3 m hoch und 128,8 m lang. Vorne sehen Sie einen Eingang. Zu dieser Anlage gibt es nach Gottes Angaben nur einen Eingang. Dieser ist 9,2 m breit und wird von einem Vorhang verdeckt. In Kapitel 5 wird der Eingang weiter vorgestellt. Um in die Anlage hineinzukommen, mußte man durch diesen Eingang in den Vorhof hineingehen. Genauer werden wir im Kapitel 6 auf den Vorhof eingehen. Direkt hinter dem Eingang stand der Brandopferaltar (Kapitel 7). Auf diesem wurden die Opfertiere von den Priestern verbrannt, die ihnen von den Juden gebracht wurden. Jeder Jude mußte den Priestern für seine Sünden ein Opfertier bringen. Welches Tier für welche Sünde notwendig war, wird genauer im 3. Buch Mose beschrieben. Ungefähr in der Mitte der Anlage stand das Waschbecken (Kapitel 8). Im hinteren Teil der Anlage stand die eigentliche Stiftshütte. Die Illustration am Beginn des Kapitels zeigt die Stiftshütte etwa aus östlicher Richtung, da genau festgelegt wurde, daß der Eingang im Osten zu sein hat. Über der Stiftshütte stand tagsüber eine Rauchsäule und nachts eine Feuersäule. Es hat nicht in der Stiftshütte gebrannt. In den Anweisungen Gottes, die er Mose auf dem Sinai gab, versprach er, das Volk Israel zu leiten. Und damit seine Führung zu erkennen sei, war tagsüber über der Stiftshütte eine Rauchsäule und nachts eine Feuersäule zu sehen. Bewegte sich nun diese Säule, so wußte das Volk Israel, daß es weiterziehen mußte. Blieb die Säule dann wieder stehen, so lagerte das Volk an dieser Stelle. Auf die einzelnen Punkte der Wanderung und des Aufbruchs werde ich in Kapitel 21 näher eingehen.

Die Stiftshütte war also ein bewegliches Tempelheiligtum des Volkes Israel. Nach seinem Bau zog das Volk noch ca. 38 Jahre durch die Wüste. Die Stiftshütte wurde dabei mehrere Male ab- und wieder aufgebaut. Für den gesamten Bau der Stiftshütte wurden knapp 10 Monate benötigt. Mehr möchte ich Ihnen jetzt noch nicht verraten, sondern erst, wenn ich Ihnen die einzelnen Stationen näher beschrieben habe.

Symbolik und Zusammenhang mit dem Neuen Testament

In der Stiftshütte wohnte Gott unter seinem Volk. So wird es ja genau im Text beschrieben. Und im Johannesevangelium Kapitel 1, Vers 1 heißt es: „Im Anfang war das Wort, und das Wort war bei Gott, und Gott war das Wort." Ein paar Verse weiter, in Vers 14, heißt es dann: „Und das Wort ward Fleisch und wohnte unter uns, und wir sahen seine Herrlichkeit, als des eingeborenen Sohnes vom Vater, voller Gnade und Wahrheit." In einigen Übersetzungen heißt es auch „und das Wort zeltete unter uns". Gott wohnte also nicht nur zur Zeit des Mose unter seinem Volk, sondern er will auch heute noch unter uns wohnen. So hat Gott uns eine Möglichkeit hier auf der Erde gegeben, wie wir einen Weg zu Gott finden und Kontakt mit ihm aufnehmen können.

Auf die Symbolik der einzelnen Gegenstände der Stiftshütte jetzt schon etwas detaillierter einzugehen, wäre etwas verfrüht. Damit Sie aber auch etwas über diese Symbolik erfahren können, habe ich für die Symbolik der gesamten Anlage das Kapitel 25 vorgesehen. Also lassen Sie sich bis dahin überraschen.

5. Eingang

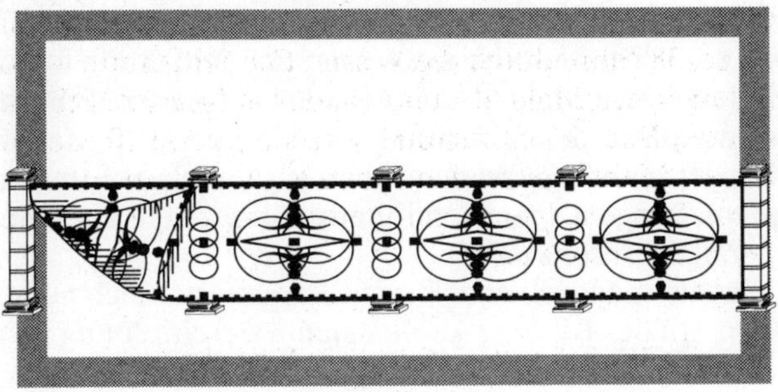

2. Mose 27: (16) Und in dem Tor des Vorhofes soll eine Decke sein, zwanzig Ellen breit, gewirkt aus blauem und rotem Purpur, Scharlach und gezwirnter feiner Leinwand, dazu vier Säulen auf ihren vier Füßen.

2. Mose 35: (35) Er hat ihr Herz mit Weisheit erfüllt, zu machen alle Arbeiten ... und des Kunstwirkers und des Buntwirkers ..., **daß sie jedes Werk ausführen und kunstreiche Entwürfe ersinnen können.**

Praktisch gesehen

An der Ostseite der Stiftshütte war ein Eingang eingeplant. Er war genau in der Mitte einer Schmalseite. Dieser Eingang war 2,3 m hoch und 9,2 m breit. Der Eingang bestand aus einem Teppich, der dieselben Ausmaße hatte. Das Muster des Teppichs enthielt die Farben rot, blau und weiß. Die Bedeutung der Farben werde ich in der Beschreibung der Teppiche, Kapitel 12, näher erläutern.

Vom Muster, das in dem Teppich am Eingang eingearbeitet wurde, gibt es keine genauen Angaben. Einige Autoren sind der Meinung, daß gerade das Muster eine tiefere Bedeutung und Symbolik hat, ich bin mir jedoch sicher, daß dies nicht der Fall ist. In 2. Mose 35, Vers 35 steht u.a. daß Gott den Handwerkern die Gabe gab, „kunstreiche Entwürfe ersinnen zu können". Dieser Stoff am Eingang sollte nur kunstreich und schön aussehen. Jede Deutung der Muster ist daher meiner Meinung nach an diesem Platz verfehlt.

Zu der gesamten Anlage war nur dieser eine Eingang geplant. Nirgends sonst gab es zu der Anlage eine weitere Zugangsmöglichkeit.

Wie hat man sich aber diesen Eingangsteppich vorzustellen? In der Bibel ist keine genaue Beschreibung hiervon zu finden. Mein Grafiker arbeitete den Text durch und fand heraus, daß dies ein Teppich sein müßte, der an der einen Seite hochgehoben wurde, wenn jemand in den Vorhof eintreten wollte (siehe auch die Grafik am Beginn des Kapitels).

Symbolik und Zusammenhang mit dem Neuen Testament

Zu dem Vorhof der Stiftshütte gibt es nur einen einzigen Eingang. Nirgends finden Sie sonst einen Nebeneingang, ein Fenster oder einen Notausgang. Nur durch diesen Eingang konnten die Menschen in den Vorhof der Stiftshütte eintreten.

Übertrage ich das Ganze auf das Neue Testament, so gibt es auch für mich heute nur einen Eingang und Zugang zu Gott, Jesus Christus. Nur Jesus ermöglicht es mir, Kontakt zu Gott aufzunehmen. So sagt auch Jesus von sich selbst: „Ich bin der Weg, die Wahrheit und das Leben. Niemand kommt zum Vater als nur durch mich." (Johannesevangelium Kapitel 14, Vers 6). Und an einer anderen Stelle im Neuen Testament sagt Jesus Christus: „Ich bin die Tür. Wer durch mich eingeht, wird errettet werden." (Johannesevangelium Kapitel 10, Vers 9).

6. Vorhof

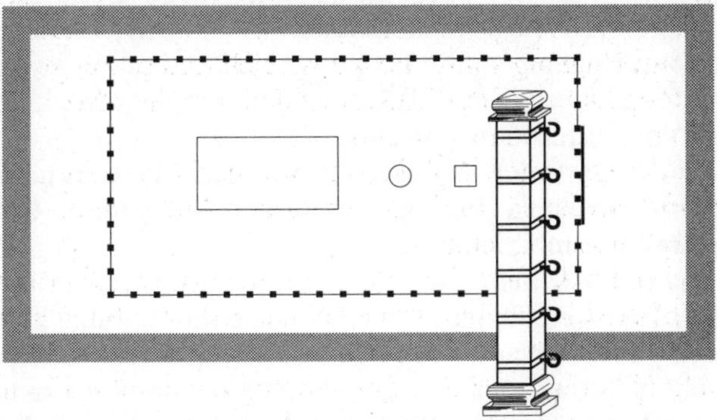

2. Mose 27:(9) Du sollst einen Vorhof für die Wohnung machen, Behänge von gezwirnter feiner Leinwand, für eine Seite hundert Ellen lang, für die Südseite, (10) und zwanzig Säulen auf zwanzig Füßen von Kupfer und ihre Nägel und ihre Ringbänder von Silber. (11) Ebenso sollen an der Nordseite Behänge sein, hundert Ellen lang, und zwanzig Säulen auf zwanzig Füßen von Kupfer und ihre Nägel und ihre Ringbänder von Silber. (12) Und nach Westen soll die Breite des Vorhofes Behänge haben, fünfzig Ellen lang, zehn Säulen auf zehn Füßen. (13) Nach Osten aber soll die Breite des Vorhofes fünfzig Ellen haben, (14) fünfzehn Ellen Behänge auf einer Seite, dazu drei Säulen auf drei Füßen, (15) und wieder fünfzehn Ellen auf der anderen Seite, dazu drei Säulen auf drei Füßen. (16) Und in dem Tor des Vorhofes soll eine Decke sein, zwanzig Ellen breit, gewirkt aus blauem und rotem Purpur, Scharlach und gezwirnter feiner Leinwand, dazu vier Säulen auf ihren vier Füßen. **(17) Alle Säulen um den Vorhof her sollen silberne Ringbänder und silberne Nägel und kupferne Füße haben. (18) Die Länge des Vorhofes soll hundert Ellen sein, die Breite fünfzig Ellen, die Höhe fünf Ellen, und alle Behänge sollen von gezwirnter feiner Leinwand sein und seine Füße**

aus Kupfer. (19) Alle Geräte der Wohnung für den gesamten Dienst und alle ihre Zeltpflöcke und alle Zeltpflöcke des Vorhofes sollen aus Kupfer sein.

Praktisch gesehen

Der Vorhof hatte die Außenmaße von 23,0 m x 46,0 m. Er wurde umrandet von einem weißen Trennvorhang, damit niemand in den Vorhof hineinsehen konnte. Dieser Trennvorhang hatte eine Höhe von 2,3 m. Damit der Vorhang aufgehängt werden konnte, wurden um den Vorhof 60 Holzbalken aus Akazienholz aufgestellt. Diese waren etwas länger und standen in einem Kupfersockel. Obenauf hatten sie einen Silberkopf. An der Innenseite der Pfosten wurde je ein Ringband aus Silber befestigt. Dieses Ringband hatte mehrere Haken, in denen der Vorhang dann eingehängt wurde. Der Trennvorhang hatte an einer Seite Ringe eingearbeitet, und diese wurden dann über die Haken geschoben. Die Holzbalken standen außen, so daß der Stoff nach innen hing. Der Stoff war so befestigt, daß niemand von außen in den Vorhof hineinsehen konnte. Eine Durchsicht bzw. ein Darüberwegsehen war aufgrund seiner Beschaffenheit und Höhe für die Menschen nicht möglich.

In dem gesamten Vorhof waren nur wenige Geräte zu finden. So standen nur der Brandopferaltar, das kupferne Waschbecken und die Stiftshütte darin. Direkt am Eingang stand der Brandopferaltar, rechts daneben standen die Tische, auf denen die Opfertiere getötet wurden. Gleich hinter dem Brandopferaltar stand das kupferne Waschbecken und im Anschluß daran dann die Stiftshütte.

Im Vorhof war genau geregelt, wer bis wohin gehen durfte. Der Zugang zur Anlage war zunächst einmal nur den Männern vorbehalten. Frauen und Kinder mußten draußen bleiben. Wollte eine Frau ein Opfer bringen, so mußte sie es dem Priester vor dem Eingang geben. Dieser brachte es dann in den Vorhof und nahm die Opferhandlungen vor (3. Mose 12, 6). Die Männer der einzelnen Stämme Israels durften in die Stiftshüttenanlage hinein, allerdings nur bis zur Höhe des Brandopferaltars; ein weiterer Zugang wurde Ihnen verwehrt. Ab dieser Stelle durften nur noch die Priester weitergehen und ihren Dienst verrichten. Dazu gehörte auch das Heiligtum in der Stiftshütte. Einmal im Jahr, am Versöhnungstag – Yom Kippur –, hatte der Hohepriester als einziger auch zum Allerheiligsten Zutritt. Dieser Bereich war nur ihm vorbehalten.

Hatte ein Mitglied eines der Stämme des Volkes Israel eine Schuld auf sich geladen, so mußte er nach genauen Angaben (3. Mose) dafür ein Opfer bringen. Je nach Art des Vergehens mußten unterschiedliche Tiere geopfert werden. Eines war aber immer gleich: Die Tiere mußten jung und fehlerfrei sein. Mit diesen Tieren kam der Bewohner zur Stiftshüttenanlage, um sein Opfer zum Priester zu bringen. Er übergab die Tiere dem Priester, der sie dann tötete und opferte. Je nach Schuld mußte das ganze Tier verbrannt werden oder nur ein bestimmter Teil des Fleisches. Der restliche Teil durfte dann von den Priestern verzehrt werden. Wurde z.B. vorgeschrieben, daß zwei Böcke geopfert werden mußten, so brachte derjenige, der die Schuld auf sich geladen hatte, beide Tiere zum Priester. Dort angekommen, mußte er sein Vergehen nennen und dabei die Hände auf den Kopf eines Bockes legen. Sobald er seine Schuld bekannt hatte, wurde dieser Bock in die Wüste geschickt. Daher kommen übrigens auch die Redensarten „Sündenbock“ und „jemanden in die Wüste schicken“. Das zweite Tier bekam auch die Hände aufgelegt und die Schuld mußte noch einmal erzählt werden. Dieses zweite Tier wurde dann getötet und nach dem Gesetz geopfert.

Für welches Vergehen welches Opfer verlangt wurde, kann man genauer im 3. Buch Mose nachlesen. Weiter darauf einzugehen, würde den Rahmen jetzt sprengen.

Symbolik und Zusammenhang mit dem Neuen Testament

Im Vorhof der Stiftshüttenanlage wurden der Brandopferaltar und das Waschbecken aufgestellt. Man mußte diesen Vorhof passieren, wollte man zur Stiftshütte, sprich der „Wohnung Gottes“, gelangen.

Bevor wir heute Kontakt mit Gott aufnehmen können, müssen auch wir am Brandopferaltar und dem Waschbecken erst einmal vorbei. Was diese einzelnen Geräte für uns heute und für unseren Glauben bedeuten, werden Sie in den nachstehenden Kapiteln lesen und erleben können. Wichtig ist nur, daß wir den Vorhof nicht aus den Augen verlieren dürfen. Sowohl damals als auch heute hat er eine große Bedeutung für den einzelnen Menschen.

7. Brandopferaltar

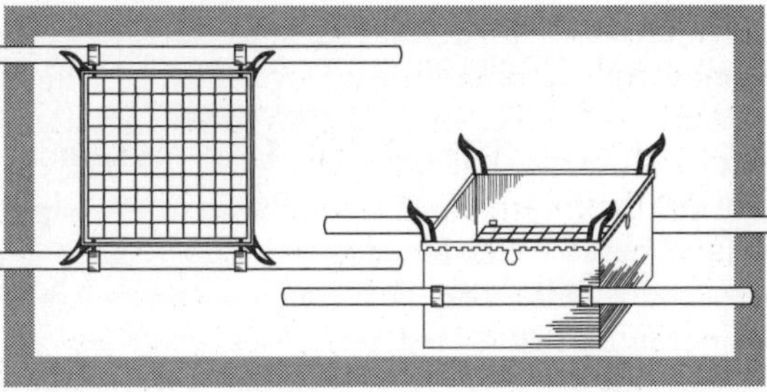

2. Mose 27: (1) Du sollst einen Altar machen aus Akazienholz, fünf Ellen lang und ebenso breit, daß er viereckig sei, und drei Ellen hoch. (2) Und du sollst auf seinen vier Ecken Hörner machen, die sollen mit ihm verbunden sein, und sollst ihn mit Kupfer überziehen. (3) Mach auch Töpfe für die Asche, Schaufeln, Becken, Gabeln, Kohlenpfannen; alle seine Geräte sollst du aus Kupfer machen. (4) Du sollst auch ein Gitterwerk aus Kupfer machen, wie ein Netz und vier Ringe aus Kupfer an seine vier Enden. (5) Du sollst es aber von untenher um den Altar legen unterhalb der Einfassung, daß das Gitter bis zur Mitte des Altars reiche. (6) Und du sollst zu dem Altar auch Stangen machen aus Akazienholz, mit Kupfer überzogen. (7) Und man soll die Stangen in die Ringe tun, daß die Stangen an beiden Seiten des Altars seien, wenn man ihn trägt. (8) Als einen Kasten von Brettern sollst du ihn machen, daß er inwendig hohl sei, wie er dir auf dem Berge gezeigt wurde.

2. Mose 29: (42) Das soll **das tägliche Brandopfer** sein bei euren Nachkommen am Eingang der Stiftshütte vor dem Herrn, wo ich euch begegnen und mit dir reden will.

4. Mose 16: (1) Und Korach, der Sohn Jizhars, des Sohnes Kehaths, des Sohnes Levis, dazu Dathan und Abiram, die Söhne Eliabs, und On, der Sohn Peleths, die Söhne Rubens, (2) die empörten sich gegen Mose, dazu zweihundertfünfzig Männer unter den Kindern Israels, Vorsteher der Gemeinde, von der Versammlung berufen, namhafte Leute . . . (28) Und Mose sprach: Daran sollt ihr merken, daß mich der Herr gesandt hat, alle diese Werke zu tun, und daß ich sie nicht tue aus meinem eigenen Herzen: **(29) Werden sie sterben, wie alle Menschen sterben, oder heimgesucht werden, so hat mich der Herr nicht gesandt; (30) wird aber der Herr etwas Neues schaffen, daß die Erde ihren Mund auftut und sie verschlingt mit allem, was sie haben, daß sie lebendig hinunter zu den Toten fahren, so werdet ihr erkennen, daß diese Leute den Herrn gelästert haben. (31) Und als er alle diese Worte beendet hatte, zerriß die Erde unter ihnen (32) und tat ihren Mund auf und verschlang sie mit ihren Sippen, mit allen Menschen, die zu Korach gehörten, und mit all ihrer Habe. (33) Und sie fuhren lebendig zu den Toten hinunter mit allem, was sie hatten, und die Erde deckte sie zu, und sie kamen um, mitten aus der Gemeinde heraus.** (34) Und ganz Israel, das um sie her war, floh vor ihrem Geschrei; denn sie dachten: Daß uns die Erde nicht auch verschlinge! (35) Und Feuer fuhr aus von dem Herrn und fraß die zweihundertfünfzig Männer, die das Räucherwerk opferten.

4. Mose 17: (1) Und der Herr redete mit Mose und sprach: (2) Sage Eleasar, dem Sohn des Priesters Aaron, daß er die Pfannen aufhebe aus dem Brand und streue das Feuer weit hinweg. (3) Denn die Pfannen dieser Sünder, die umgekommen sind, gehören dem Heiligtum. **Man schlage sie zu breiten Blechen, daß man den Altar damit überziehe;** denn sie haben sie hingebracht vor den Herrn, so daß sie geheiligt sind; sie sollen den Israeliten ein Zeichen sein. **(4) Und Eleasar, der Priester, nahm die kupfernen Pfannen, die die Verbrannten herangebracht**

hatten, und schlug sie zu Blechen, um den Altar zu überziehen; (5) als Mahnzeichen für die Israeliten, daß kein Fremder, der nicht vom Geschlecht Aarons ist, sich nahe, um Räucherwerk zu opfern vor dem Herrn, damit es ihm nicht gehe wie Korach und seiner Rotte, wie der Herr zu ihm geredet hatte durch Mose.

4. Mose 28: (1) Und der Herr redete mit Mose und sprach: (2) Gebiete den Israeliten und sprich zu ihnen: Ihr sollt achthaben, daß ihr zur rechten Zeit meine Opfergaben darbringt, meine Feueropferspeise mir zum lieblichen Geruch. (3) Und sprich zu ihnen: Dies sind die Feueropfer, die ihr dem Herrn opfern sollt: einjährige Schafe, die ohne Fehler sind, **täglich zwei zum täglichen Brandopfer, (4) ein Schaf am Morgen, das andere gegen Abend; (5) dazu ein Zehntel Scheffel feinstes Mehl zum Speisopfer, mit Öl vermengt, das gestoßen ist, eine viertel Kanne. (6) Das ist das tägliche Brandopfer, das ihr am Berge Sinai geopfert habt zum lieblichen Geruch, ein Feueropfer für den Herrn.** (7) Dazu sein Trankopfer zu je einem Schaf eine viertel Kanne. Im Heiligtum soll man den Wein des Trankopfers dem Herrn darbringen. **(8) Das andere Schaf sollst du gegen Abend zurichten. Mit einem Speisopfer wie am Morgen und mit seinem Trankopfer sollst du es zurichten als Feueropfer für den Herrn zum lieblichen Geruch.** (9) Am Sabbattag aber zwei einjährige Schafe ohne Fehler und zwei Zehntel feinstes Mehl zum Speisopfer, mit Öl vermengt, und sein Trankopfer. (10) Das ist das Brandopfer an jedem Sabbattag außer dem täglichen Brandopfer samt seinem Trankopfer.

Praktisch gesehen

Der Brandopferaltar wurde aus Akazienholz gebaut. Dieser Altar ist 2,3 m lang und 2,3 m breit, bei einer Höhe von 1,38 m. Über die Dicke der einzelnen Bretter steht nichts in der Bibel. Ich nehme deswegen eine Dicke von ca. 0,1 m an. Dieser Brandopferaltar wurde, nachdem er gebaut war, mit 250 Kupferplatten ausgeschlagen (4. Mose 17, 3b). Woher weiß man aber die genaue Stückzahl der Platten? Zur Zeit des Mose hatte das Volk Israel eine Gruppe von Kundschaftern, die den Reiseweg auf seine Sicherheit überprüfen mußten. Erst wenn sie den Weg ausgekundschaftet hatten, konnte das Volk weiterziehen. Eines Tages war diese Gruppe Korach nicht gehorsam und widersetzte sich der Anweisung Gottes. Daraufhin rügte sie Gott und bestrafte sie mit dem Tode (4. Mose Kapitel 16, Vers 1 ff.). Aus diesem Bibelabschnitt kann man ersehen, daß es 250 Krieger waren, die ums Leben kamen. Als Erinnerung und mahnendes Zeichen sollten ihre Räucherpfannen glatt geschlagen und am Brandopferaltar befestigt werden.

In der Mitte wurde ein Gitterrost wie bei einem Grill aus Kupfer eingebaut. Auf diesen Rost wurden die Tiere gelegt, die geopfert, d.h. verbrannt wurden. An der Außenseite waren an allen Ecken Ringe befestigt. Durch diese wurden mit Kupfer überzogene Stangen aus Akazienholz gesteckt. So konnte der Brandopferaltar transportiert werden. Denn etwas später auf unserer Entdeckungsreise werden wir herausfinden, daß Gott klare Anweisungen gab, daß der Brandopferaltar getragen werden mußte. Durch diese Stangen war also der Transport überhaupt erst möglich. Oben auf den Ecken des Altares wurden Hörner befestigt.

Um sich eine ungefähre Vorstellung des täglichen Lebens im Vorhof zu machen, ist auch eine weitere Information nützlich: Der Brandopferaltar brannte nur tagsüber. Über Nacht wurde das Feuer nicht geschürt. So mußte jeweils am Morgen das Feuer wieder neu in Gang gebracht werden. Gerade die besondere Betonung, daß ein Tier am Morgen und das andere am Abend verbrannt werden soll, ist ein Hinweis, daß das Feuer nur tagsüber brannte.

Um weitere Fakten über diesen Altar zu bekommen, ging ich zunächst zum Schreiner und fragte diesen über

Akazienholz aus. So wog dieser Brandopferaltar nach meinen Berechnungen ca. 971 kg. Dies war nur das reine Holzgewicht. Das Gewicht der Kupferplatten muß hierbei noch hinzu gerechnet werden. Damit Sie meine Gedanken nachvollziehen können, möchte ich Ihnen nachstehend kurz meine Berechnung erläutern:

2,3 m Breite x 1,38 m Höhe x 0,1 m Dicke x 2 Stück	= 634,8 cm^3
2,1 m Breite x 1,38 m Höhe x 0,1 m Dicke x 2 Stück	= 579,6 cm^3
Gesamt-Raummaß	= 1.214,4 cm^3

Nimmt man jetzt das Raummaß und multipliziert es mit dem spezifischen Gewicht des Akazienholzes, so erhält man das Gesamtgewicht des Brandopferaltares.

$$1.214{,}4\ cm^3 \times 0{,}8\ g/cm^3 = 971{,}5\ kg$$

Keine Panik, jetzt hört unser kleiner Mathematikunterricht auch schon wieder auf!

Diese Angaben haben mir aber noch nicht ausgereicht. Ich wollte noch mehr Informationen zum Altar haben. So kam ich auf eine interessante Überlegung. Der gesamte Altar wurde ja aus Akazienholz gebaut und als Feuerstelle verwendet. Feuer und Holz – der nächste Weg führte mich zur Feuerwehr.

Nach einigem Fragen landete ich dann beim zuständigen Stadtbrandmeister. Ich fragte ihn direkt nach den Feuereigenschaften des Akazienholzes. Der Stadtbrandmeister mußte erst einmal passen, denn mit Akazienholz hatte er noch nie zu tun gehabt. Nach einigem Stöbern in diversen Büchern konnte er mir interessante Informationen geben. Ein Holzspan aus Akazienholz glüht erst ab einer Raumtemperatur von 380 Grad Celsius. Des weiteren isoliert dieses Holz sehr gut. Auf meine Frage, ob die Kupferplatten die Feuerfestigkeit fördern oder verringern, schaute er mich lachend an. Diese Konstruktion wäre geradezu ideal. Das Holz leitet die Wärme nicht weiter, sondern nur die Kupferplatten täten dies. Sieht man sich die Konstruktion des Brandopferaltars an, so erkennt man im Querschnitt in der Mitte den Gitterrost.

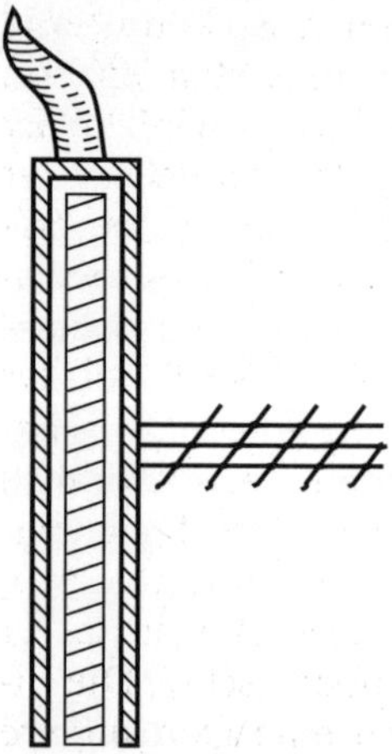

Die Hitze würde zum einen Teil direkt in die Höhe gehen. Der andere Teil wird vom Kupfergitter an die Seite und von dort nach oben über die Kante nach außen geleitet. Aufgrund dieser Konstruktion wäre der Brandopferaltar ein idealer Kühlkörper. Laut der Aussage des Fachmanns wäre diese Konstruktion auch heute noch die beste Art, um einen solchen Altar mit natürlichen Materialien bauen zu können. Sofort fragte ich den Stadtbrandmeister, ob die Priester nicht Verbrennungen erleiden konnten, sobald sie das nächste Opfertier auf den Rost legten. Die Antwort war verblüffend. Aufgrund der Konstruktion ist die Wärmeentwicklung sehr gering. Nach Aussagen des Fachmanns sind die Kupferplatten auf der Oberseite des Brandopferaltars nur handwarm und an der Außenseite kalt. Im Querschnitt kann man das gut erkennen. Die Hitze muß einen relativ langen Weg nehmen, um an die Stelle zu kommen, an der sich ein Priester verbrennen könnte.

Nach diesem Gespräch fragte mich der Stadtbrandmeister, woher ich denn diese Fakten alle wüßte. So erzählte ich ihm vom Brandopferaltar aus dem Alten Testament. Er unterbrach mich und meinte nur: „Das steht nie im Leben in der Bibel!“ Ich antwortete: „Doch!“ So ging es ein paar Minuten hin und her. Zuletzt wandte er ein, daß ich vielleicht mehr in der Bibel lesen würde und eventuell auch eine andere und bessere Bibel hätte als er, aber in seiner Bibel stehe davon nichts. Wäre das in seiner Bibel, hätte ihn dieses Thema als Teenie damals begeistert, denn es sei praktisch, interessant und lebensnah. Aber da das nicht in seiner eigenen Bibel stehe, sei sie halt uninteressant und altmodisch. So sagte ich ihm nur, daß ich ihn am kommenden Tag im Büro anrufen würde, um ihm die genaue Bibelstelle zu nennen. So könne er ja meine Aussage kontrollieren. Er war einverstanden. Am nächsten Morgen zur vereinbarten Zeit rief ich ihn an. Er wartete schon auf meinen Anruf und erzählte mir, er habe schon seine Bibel herausgesucht, um meine Behauptungen zu überprüfen. Ich gab ihm die entsprechenden Bibelstellen und welche Angaben er wie umzurechnen habe. Zuletzt wünschte ich ihm viel Spaß bei der Kontrolle. Einige Wochen später, als ich wieder mit ihm zu tun hatte, fragte ich natürlich nach. Er war verblüfft, denn er fand alles in seiner Bibel, so wie ich es ihm gesagt hatte. Er hatte vorher nur die Angaben nicht verstanden. Aufgrund meiner Angaben und Hilfestellungen las er den Text noch einmal durch und war überrascht. „Die Bibel ist ja ganz praktisch. Sie hat jetzt eine ganz andere Bedeutung für mich, denn da steht ja auch etwas für mich persönlich drin, was meinen Beruf betrifft. Ich bin erstaunt!“ meinte er.

Übrigens, vor ein paar Jahren hatte in England ein Pfiffikus eine Erleuchtung: Nach vielen Tests und Versuchsreihen fand er heraus, daß eine ca. 10 cm dicke Akazienholztür mit einer Kupferplattenbeschichtung eine ideale Brandschutztür wäre. Natürlich wurde sofort ein Patent angemeldet. Nach einer gewissen Bearbeitungszeit in London bekam er Antwort. Er wurde zu seinen Forschungen und Ergebnissen beglückwünscht, weil er alles richtig gemacht und diese Resultate erzielt hatte. Ein Patent könne allerdings nicht erteilt werden, denn vor ca. 3.400 Jahren habe Mose diese Konstruktion bereits im Brandopferaltar verwandt. So ein Pech aber auch . . .

Symbolik und Zusammenhang mit dem Neuen Testament

Am Brandopferaltar wurde das Opfer vom Priester verbrannt, welches ihm von einem Mitglied des Volkes Israel gebracht worden war. So opferte er das Brandopfer stellvertretend für das Mitglied des Stammes Israel.

Und heute bei uns? Als Jesus Christus am Kreuz starb, tat er dies ja stellvertretend für uns und für unsere Schuld und Sünden. Er selbst hatte keine Straftat begangen, wodurch dieses Urteil gerechtfertigt gewesen wäre. Er war sogar ohne Sünde. Um uns aber von unseren Sünden zu befreien, starb er für unsere Schuld. Das, was damals die Priester stellvertretend für das Volk Israel taten, hat Jesus Christus stellvertretend für jeden einzelnen von uns heute getan. Er sühnte unsere Schuld vor Gott. Somit brauchen wir heute keine weitere Sühnung mehr zu betreiben. Wir müssen nur die Tat von Jesus Christus für uns annehmen.

Zur Zeit Moses mußte eine Schuld immer wieder neu durch Opfer bereinigt werden. Das ganze 3. Buch Mose ist voll mit Gesetzen und Regelungen hierfür. Da Jesus dieses Opfer, seine Hinrichtung, auf sich nahm, um uns zu befreien, benötigen wir heute nicht eine sich immer wiederholende Befreiung von unseren Sünden. Durch den einmaligen Tod Jesu sind unsere Sünden alle auf einen Schlag bereinigt worden; deshalb benötigen wir heute auch nicht mehr die Gesetze und Regelungen des 3. Buches Mose.

8. Waschbecken

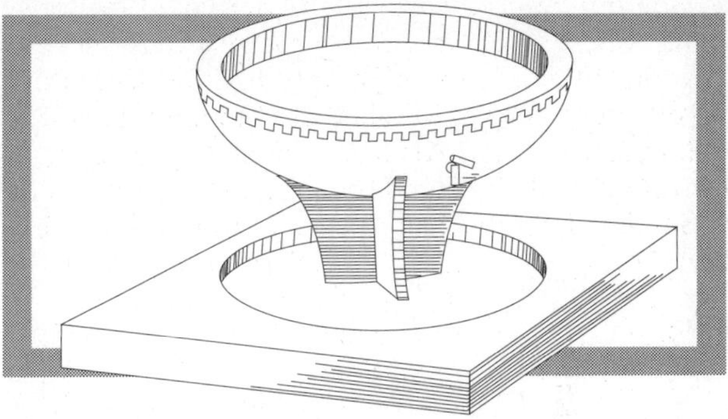

2. Mose 30: (18) Du sollst auch ein Becken aus Kupfer machen mit einem Gestell aus Kupfer zum Waschen und sollst es setzen zwischen die Stiftshütte und den Altar und Wasser hineintun, (19) daß Aaron und seine Söhne ihre Hände und Füße darin waschen, (20) wenn sie in die Stiftshütte gehen oder zum Altar, um zu dienen und Feueropfer zu verbrennen für den Herrn, (21) auf daß sie nicht sterben. Das soll eine ewige Ordnung sein für ihn und sein Geschlecht bei ihren Nachkommen.

Praktisch gesehen

Direkt hinter dem Brandopferaltar stand ein Waschbecken. Zu den Außenmaßen und der Wassermenge, die hinein paßte, kann ich Ihnen leider nichts sagen. Es gibt keine Angaben darüber in der Bibel. Da auch nicht der kleinste Hinweis zu finden ist, will ich keine Vermutungen über den ungefähren Inhalt und Größe anstellen. Sorry, hier muß Ihre Phantasie Ihnen weiterhelfen. (Genauso wie der Grafiker, siehe Bild oben, seine Phantasie spielen ließ.)

Damit Sie aber einen Eindruck bekommen, wozu das Waschbecken überhaupt da war, kann ich Ihnen einige

Hintergrundinformationen nennen. Das Waschbecken war aus Kupferplatten hergestellt. Zu der damaligen Zeit gab es z.B. keine Spiegel in der Form, wie wir sie heutzutage nutzen. Damals wurden blank geputzte Kupferplatten verwendet. Auch der Sinn und Zweck ist sehr interessant.

Die Priester mußten sich in diesem Waschbecken mehrmals täglich die Hände und Füße waschen. Da die Priester mit den Händen die Opfertiere töteten und auf den Brandopferaltar legten, kamen sie durch ihre Hände mit den Sünden des Volkes Israel in Kontakt. Damit sie sich davon immer reinigen konnten, mußten sie die Hände im Becken waschen. So war die Handwaschung nicht nur eine äußerliche Reinigung von Schmutz und Blut, sondern auch eine symbolische Reinigung von den Sünden des Volkes Israel. Ja, aber warum mußten denn auch die Füße gewaschen werden? – Auch dies hat eine ganz einfache Bewandtnis: Die Priester trugen zur damaligen Zeit keine geschlossenen Schuhe wie wir heute. Die Schuhe der Priester sind mit unseren Sandalen zu vergleichen. Da die gesamte Stiftshüttenanlage zudem in der Wüste stand, liefen die Priester also die ganze Zeit auf staubigem Boden. Wenn Sie schon mal barfuß spaziert sind, haben Sie auch schon das Ergebnis kennengelernt – Ihre Füße wurden schmutzig. Genauso erging es auch den Priestern. Wenn nun ein Priester in das Heiligtum wollte, ging er in die Wohnung Gottes. Auch wir reinigen heute unsere Schuhe, bevor wir in ein Haus eintreten. So mußte auch der Priester seine Füße vom Schmutz reinigen, bevor er das Heilige betrat.

Symbolik und Zusammenhang mit dem Neuen Testament

Das Waschbecken in der Stiftshütte half den Priestern, sich von der symbolischen Schuld und den Sünden des Volkes Israel zu reinigen. Denn die Sünden wurden ja von den Bürgern des Volkes Israel auf die Tiere übertragen. Diese Tiere wurden anschließend von den Priestern getötet und verbrannt bzw. auf eine andere Art und Weise geopfert. Somit kamen sie immer wieder symbolisch mit den Sünden der Menschen zusammen.

Und wie ist es heute, schaut es dort anders aus? Auch wir kommen immer wieder mit Sünden in Kontakt. Niemand ist frei von Sünden. Sie sind vielleicht mal kleiner oder größer, auffälliger und geheim, aber frei davon ist kein Mensch. Haben wir nun aber den Eingang, Jesus Christus, für uns erkannt und angenommen und zusätzlich auch den Tod von Jesus am Kreuz für uns akzeptiert, d.h. daß er auch unsere Schuld auf sich genommen hat, dann haben wir einen großen Schritt nach vorne getan. Aber da wir immer wieder im normalen Leben Sünden begehen, müssen diese immer wieder bereinigt werden. Das heißt, wir sollen Sünden, die uns bewußt sind, bekennen, klären und „bereinigen". Wir müssen nicht immer wieder von außen neu beginnen, wenn wir einmal akzeptiert haben, daß Jesus für unsere Schuld gestorben ist. Aber weil wir täglich sündigen, bedürfen wir auch täglich der Vergebung durch Jesus.

Dies ist aber nur ein Teil der Bedeutung des Waschbeckens. Die Priester mußten sich ja auch die Füße waschen. Aus welchem Grund? Die Priester bekamen schmutzige Füße, da sie im Wüstensand herumliefen. Das heißt, durch die äußeren Umstände ihres Lebensraumes wurden ihre Füße schmutzig.

Hat das auch für uns heute noch eine Bedeutung? Meiner Meinung nach ja: Wir leben heute genauso wie das Volk Israel damals in einer Welt mit viel Sünde und Gottlosigkeit. Auch wenn wir uns bemühen, nach Gottes Maßstäben zu leben, prägen uns die Einflüsse der Welt (Genußsucht, Egoismus, Eitelkeit und vieles mehr). Natürlich macht uns nicht nur die Umwelt zu schaffen, sondern wir haben auch viele eigene Probleme und Sünden in uns. Und häufig lassen wir uns zudem noch von Einflüssen und Vorstellungen von außen beeinflussen.

Genau davon sollten wir uns trennen und uns durch Jesus Christus reinigen lassen.

Sagen Sie allerdings, daß Sie ohne Sünde sind, so widerspricht Ihnen die Bibel deutlich. Im 1. Johannesbrief, Kapitel 1, Vers 8-9 heißt es: „Wenn wir sagen, wir haben keine Sünde, so betrügen wir uns selbst, und die Wahrheit ist nicht in uns. Wenn wir aber unsere Sünden bekennen, so ist er treu und gerecht, daß er uns die Sünden vergibt und reinigt uns von aller Ungerechtigkeit." Stehen wir also lieber zu unseren Sünden und bekennen sie, oder?

9. Stiftshütte allgemein

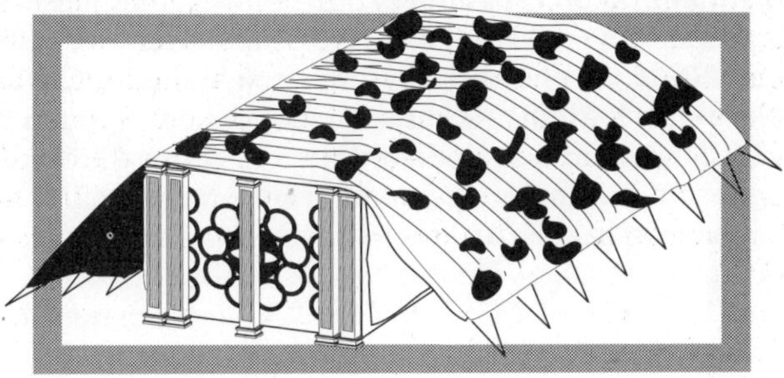

2. Mose 26: (15) Du sollst auch Bretter machen für die Wohnung, aus Akazienholz, zum Aufstellen; (16) zehn Ellen lang soll ein Brett sein und anderthalb Ellen breit. (17) Zwei Zapfen soll ein Brett haben, daß eins an das andere gesetzt werden könne. So sollst du alle Bretter der Wohnung machen. (18) Zwanzig von ihnen sollen nach Süden stehen. (19) Die sollen vierzig silberne Füße unten haben, je zwei Füße unter jedem Brett für seine zwei Zapfen. (20) Ebenso sollen auf der anderen Seite, nach Norden, auch zwanzig Bretter stehen (21) mit vierzig silbernen Füßen, je zwei Füße unter jedem Brett. (22) Und für die Rückseite der Wohnung nach Westen sollst du sechs Bretter machen; (23) dazu zwei Bretter für die zwei Ecken an der Rückseite der Wohnung, (24) daß beide mit ihren Eckbrettern unten und oben verbunden sind und so die Ecken bilden. (25) Acht Bretter sollen es sein mit ihren silbernen Füßen; sechzehn Füße sollen es sein, je zwei unter einem Brett. (26) Und du sollst Riegel machen aus Akazienholz, fünf zu den Brettern auf der Langseite der Wohnung (27) und fünf zu den Brettern auf der anderen Langseite der Wohnung und fünf zu den Brettern auf der Rückseite der Wohnung nach Westen, (28) und sollst einen Mittelriegel in halber Höhe an den

Brettern entlanglaufen lassen von einem Ende zu dem anderen. (29) Und du sollst die Bretter mit Gold überziehen und ihre Ringe aus Gold machen, in die man die Riegel hineintut. (30) Und die Riegel sollst du mit Gold überziehen. So sollst du die Wohnung in der Weise aufrichten, wie du sie auf dem Berge gesehen hast. (31) Du sollst einen Vorhang machen aus blauem und rotem Purpur, Scharlach und gezwirnter feiner Leinwand und sollst Cherubim einweben in kunstreicher Arbeit (32) und sollst ihn aufhängen an vier Säulen von Akazienholz, die mit Gold überzogen sind und goldene Nägel und vier silberne Füße haben. (33) Und du sollst den Vorhang an die Haken hängen und die Lade mit dem Gesetz hinter den Vorhang setzen, daß er euch eine Scheidewand sei zwischen dem Heiligen und dem Allerheiligsten.

1. Könige 8: (1) Da versammelte der König Salomo zu sich die Ältesten in Israel, alle Häupter der Stämme und Obersten der Sippen in Israel nach Jerusalem, **um die Lade des Bundes des Herrn heraufzubringen aus der Stadt Davids, das ist Zion.** (2) Und es versammelten sich beim König Salomo alle Männer in Israel am Fest im Monat Ethanim, das ist der siebente Monat. (3) Und als alle Ältesten Israels kamen, **hoben die Priester die Lade des Herrn auf (4) und brachten sie hinauf, dazu die Stiftshütte und alles Gerät des Heiligtums, das in der Stiftshütte war.** Das taten die Priester und Leviten. (5) Und der König Salomo und die ganze Gemeinde Israel, die sich bei ihm versammelt hatte, ging mit ihm vor der Lade her und opferte Schafe und Rinder, so viel, daß man sie nicht zählen noch berechnen konnte. **(6) So brachten die Priester die Lade des Bundes des Herrn an ihren Platz im Chorraum des Hauses, in das Allerheiligste, unter die Flügel der Cherubim.** (7) Denn die Cherubim breiteten die Flügel aus an dem Ort, wo die Lade stand, und bedeckten die Lade und ihre Stangen von obenher. **(8) Und die Stangen waren so lang, daß ihre Enden gesehen wurden in dem Heiligen, das ist die Tempelhalle, vor dem**

Chorraum; aber von außen sah man sie nicht. Und dort sind sie bis auf diesen Tag. **(9) Und es war nichts in der Lade als nur die zwei steinernen Tafeln des Mose, die er hineingelegt hatte am Horeb, die Tafeln des Bundes**, den der Herr mit Israel schloß, als sie aus Ägyptenland ausgezogen waren.

2. Könige 25: (8) Am siebenten Tage des fünften Monats, das ist das neunzehnte Jahr Nebukadnezars, des Königs von Babel, kam Nebusaradan, der Oberste der Leibwache, als Feldhauptmann des Königs von Babel nach Jerusalem **(9) und verbrannte das Haus des Herrn und das Haus des Königs und alle Häuser in Jerusalem**; alle großen Häuser verbrannte er. (10) Und die ganze Heeresmacht der Chaldäer, die dem Obersten der Leibwache unterstand, riß die Mauern Jerusalems nieder.

Praktisch gesehen

Die einzelnen Gegenstände in der Stiftshütte, die Bedeutung der Teppiche, des Daches der Stiftshütte und der Priester, werde ich Ihnen in den nachfolgenden Kapiteln etwas näher beschreiben. In diesem möchte ich Ihnen nur ein paar Einblicke geben, was die Stiftshütte überhaupt ist, warum sie errichtet wurde, und was aus ihr im Laufe der Jahre geworden ist.

Die Stiftshütte an sich wurde ja mehrere Jahre durch die Wüste getragen. Von unserer Seite heute stellt sich natürlich die Frage, was aus der Stiftshütte im Laufe der Jahrhunderte geworden ist. Hierzu gibt es mehrere Theorien. Ich möchte die für mich realistischste verwenden. Einige Jahrhunderte, nachdem sich das Volk Israel im verheißenen Land angesiedelt hatte, wurde der Bau des großen Tempels in Jerusalem in Angriff genommen. Nach Angaben von Conrad Schick hatte dieser Tempel den Maßstab von 10:1 zur Stiftshütte. Das heißt, der Tempel war 500 Ellen breit und 1.000 Ellen lang, bei einer Höhe von 100 Ellen. Umgerechnet hieße das eine

Breite von 230 m, eine Länge von 460 m und eine Höhe von 46 m. Jetzt kann man sich die Größe gut vorstellen und warum dieser Tempel als ein imposantes Gebäude immer wieder beschrieben wurde. Als nun der Tempel fertiggestellt war, wurde die Stiftshütte in den Nebenräumen des Tempels untergebracht (1. Könige 8, Verse 1–9). Die Bundeslade wurde in das Allerheiligste getragen. Als nun der Tempel 587 v. Chr. zerstört wurde, brannte er bis auf die Grundmauern nieder. Da die Stiftshütte des Mose aus natürlichen Stoffen hergestellt war, brannte diese daher auch komplett mit ab (2. Könige 25, Vers 9). Wie es wirklich mit der Stiftshütte weiterging, weiß heute zum Glück niemand mehr. Denn stellen Sie sich mal vor, dieser Ort wäre heute bekannt? Würde das nicht einen Wallfahrtsort sondergleichen geben? Und ist das etwa biblisch?

Ist Ihnen noch ein anderer Aspekt aufgefallen? Die gesamte Anlage war eingezäunt. Die weißen Vorhänge, symbolisch für die Reinheit, umgaben den Vorhof. Die Reinheit hielt also symbolisch die Sünde fern. Auch die Zugangsmöglichkeiten waren so gestaltet, daß nicht jeder hinein konnte.

10. Hoherpriester und Priester

2. Mose 28: (1) Du sollst Aaron, deinen Bruder, und seine Söhne zu dir herantreten lassen aus der Mitte der Israeliten, daß er mein Priester sei, er und seine Söhne Nadab, Abihu, Eleasar und Itamar. **(2) Und du sollst Aaron, deinem Bruder, heilige Kleider machen, die herrlich und schön seien,** (3) und sollst reden mit allen, die sich darauf verstehen, die ich mit dem Geist der Weisheit erfüllt habe, daß sie Aaron Kleider machen zu seiner Weihe, daß er mein Priester sei. **(4) Dies sind aber die Kleider, die sie machen sollen: Brusttasche, Schurz, Obergewand, gewirktes Untergewand, Kopfbund und Gürtel.** Diese heiligen Kleider sollen sie deinem Bruder Aaron und seinen Söhnen machen, daß er mein Priester sei. **(5) Sie sollen Gold, blauen und roten Purpur, Scharlach und feine Leinwand dazu nehmen. (6) Den Priesterschurz sollen sie machen aus Gold, blauem und rotem Purpur, Scharlach und gezwirnter feiner Leinwand, kunstreich ge-**

wirkt. (7) Zwei Schulterteile soll er haben, die angefügt sind; an seinen beiden Enden soll er zusammengebunden werden. (8) Und die Binde, die daran ist, um ihn anlegen zu können, soll von derselben Arbeit und aus einem Stück mit ihm sein, aus Gold, blauem und rotem Purpur, Scharlach und gezwirnter feiner Leinwand. (9) Und du sollst zwei Onyxsteine nehmen und darauf eingraben die Namen der Söhne Israels, (10) auf jeden sechs Namen nach der Ordnung ihres Alters. (11) Das sollst du tun in Steinschneiderarbeit nach der Weise der Siegelstecher, und sie sollen mit Goldgeflecht eingefaßt werden. (12) Und du sollst sie auf die Schulterteile des Schurzes heften, daß es Steine seien zum gnädigen Gedenken an die Israeliten, so daß Aaron ihre Namen auf seinen beiden Schultern trage vor dem Herrn, damit der Herr ihrer gedenke. (13) Und du sollst andere Goldgeflechte machen (14) und zwei Ketten von feinem Golde wie gedrehte Schnüre und sollst die geflochtenen Ketten an diese Goldgeflechte tun. (15) Die Brusttasche für die Losentscheidungen sollst du wie den Priesterschurz machen, kunstreich gewirkt, aus Gold, blauem und rotem Purpur, Scharlach und gezwirnter feiner Leinwand. (16) Viereckig soll sie sein und doppelt gelegt; eine Spanne soll ihre Länge sein und eine Spanne ihre Breite. (17) Und du sollst sie besetzen mit vier Reihen von Steinen. Die erste Reihe sei ein Sarder, ein Topas und ein Smaragd, (18) die andere ein Rubin, ein Saphir und ein Diamant, (19) die dritte ein Lynkurer, ein Achat und ein Amethyst, (20) die vierte ein Türkis, ein Onyx und ein Jaspis; in Goldgeflecht sollen sie gefaßt sein. (21) Zwölf sollen es sein in Siegelstecherarbeit nach den Namen der Söhne Israels, daß auf jedem ein Name stehe nach den zwölf Stämmen. (22) Und du sollst Ketten zu der Tasche wie gedrehte Schnüre machen aus feinem Golde (23) und zwei goldene Ringe für die Tasche, so daß du die beiden Ringe an zwei Ecken der Tasche heftest (24) und die beiden goldenen Ketten in die beiden Ringe an den Ecken der Tasche tust. (25) Aber die beiden anderen Enden der zwei

Ketten sollst du an den beiden Goldgeflechten befestigen und sie an die Schulterteile des Priesterschurzes vorn anheften. (26) Und du sollst zwei andere goldene Ringe machen und an die beiden anderen Ecken der Tasche heften, an ihren Rand innen zum Schurz hin. (27) Und du sollst abermals zwei goldene Ringe machen und sie unten an die beiden Schulterteile vorn am Schurz anheften, wo der Schurz zusammengeht, oben über der Binde des Schurzes. (28) Und man soll die Tasche mit ihren Ringen mit einer Schnur von blauem Purpur an die Ringe des Schurzes knüpfen, daß sie über der Binde des Schurzes anliege und die Tasche sich nicht von dem Schurz losmache. (29) So soll Aaron die Namen der Söhne Israels in der Brusttasche auf seinem Herzen tragen, wenn er in das Heiligtum geht, zum gnädigen Gedenken vor dem Herrn allezeit. **(30) Und du sollst in die Brusttasche tun die Lose »Licht und Recht«, so daß sie auf dem Herzen Aarons seien, wenn er hineingeht vor den Herrn, daß er die Entscheidungen für die Israeliten auf seinem Herzen trage vor dem Herrn allezeit. (31) Du sollst auch das Obergewand unter dem Schurz ganz aus blauem Purpur machen. (32) Und oben in der Mitte soll eine Öffnung sein und eine Borte um die Öffnung herum in Webearbeit wie bei einem Panzerhemd, daß sie nicht einreiße. (33) Und unten an seinem Saum sollst du Granatäpfel machen aus blauem und rotem Purpur und Scharlach ringsherum und zwischen sie goldene Schellen auch ringsherum, (34) daß eine goldene Schelle sei, danach ein Granatapfel, und wieder eine goldene Schelle und wieder ein Granatapfel ringsherum an dem Saum des Obergewandes. (35) Und Aaron soll ihn anhaben, wenn er dient, daß man seinen Klang höre, wenn er hineingeht ins Heiligtum vor dem Herrn und wieder herauskommt; so wird er nicht sterben. (36) Du sollst auch ein Stirnblatt machen aus feinem Golde und darauf eingraben, wie man Siegel eingräbt: »Heilig dem Herrn«. (37) Und du sollst es heften an eine Schnur von blauem Purpur vorn an den Kopfbund.** (38) Und es soll sein auf der Stirn Aarons, damit Aaron bei allen ihren Opfern alle Sünde trage, die an den heiligen Gaben der Israeliten haftet. Und es soll allezeit an seiner Stirn sein, daß sie wohlgefällig seien vor dem Herrn. **(39) Du sollst auch das Untergewand kunstreich wirken aus feiner Leinwand und einen Kopfbund aus feiner Leinwand machen und einen buntgewirkten Gürtel.** (40) Und den Söhnen Aarons sollst du Untergewänder, Gürtel und hohe Mützen machen, die herrlich und schön seien, (41) und sollst sie deinem Bruder Aaron samt seinen Söhnen anlegen und sollst sie salben und ihre Hände füllen und sie weihen, daß sie meine Priester seien. **(42) Und du sollst ihnen leinene Beinkleider machen, um ihre Blöße zu bedecken, von den Hüften bis an die Schenkel. (43) Und Aaron und seine Söhne sollen sie anhaben, wenn sie in die Stiftshütte gehen oder hinzutreten zum Altar, um im Heiligtum zu dienen, damit sie keine Schuld auf sich laden und sterben müssen.** Das soll für ihn und sein Geschlecht nach ihm eine ewige Ordnung sein.

2. Mose 29: (1) Dies ist's, was du mit ihnen tun sollst, daß sie mir zu Priestern geweiht werden: **Nimm einen jungen Stier und zwei Widder ohne Fehler, (2) ungesäuertes Brot und ungesäuerte Kuchen, mit Öl vermengt, und ungesäuerte Fladen, mit Öl bestrichen; aus feinem Weizenmehl sollst du das alles machen (3) und sollst es in einen Korb legen und in dem Korbe herzubringen samt dem Stier und den beiden Widdern. (4) Und du sollst Aaron und seine Söhne vor die Tür der Stiftshütte treten lassen und sie mit Wasser waschen (5) und die Kleider nehmen und Aaron anziehen das Untergewand und das Obergewand und den Priesterschurz und die Brusttasche und sollst ihm den Schurz mit der Binde umgürten (6) und den Kopfbund auf sein Haupt setzen und den heiligen Kronreif am Kopfbund befestigen. (7) Und du sollst das Salböl nehmen und auf sein Haupt gießen und ihn salben. (8) Und seine Söhne sollst du auch herzuführen und ihnen das Untergewand anziehen (9) und sie, Aaron und**

seine Söhne, mit Gürteln umgürten und den Söhnen die hohen Mützen aufsetzen, daß sie das Priestertum haben nach ewiger Ordnung. Und du sollst Aaron und seinen Söhnen die Hände füllen. (10) Und du sollst den jungen Stier herzuführen vor die Stiftshütte, und Aaron und seine Söhne sollen ihre Hände auf den Kopf des Stieres legen. (11) Und du sollst den Stier schlachten vor dem Herrn, vor der Tür der Stiftshütte, (12) und sollst von seinem Blut nehmen und mit deinem Finger an die Hörner des Altars streichen und alles andere Blut an den Fuß des Altars schütten. (13) Und du sollst alles Fett am Eingeweide nehmen und den Lappen an der Leber und die beiden Nieren mit dem Fett daran und sollst es auf dem Altar in Rauch aufgehen lassen. (14) Aber Fleisch, Fell und Mist des Stieres sollst du draußen vor dem Lager mit Feuer verbrennen; denn es ist ein Sündopfer.

3. Mose 6: (7) Und dies ist das Gesetz des Speisopfers. Aarons Söhne sollen es bringen vor dem Herrn an den Altar. **(8) Es soll einer abheben eine Handvoll vom Mehl des Speisopfers und vom Öl und den ganzen Weihrauch, der auf dem Speisopfer liegt, und soll's in Rauch aufgehen lassen auf dem Altar zum lieblichen Geruch als Gedenkopfer für den Herrn. (9) Das übrige aber sollen Aaron und seine Söhne verzehren; sie sollen es ungesäuert essen an heiliger Stätte im Vorhof der Stiftshütte. (10) Sie sollen es nicht mit Sauerteig backen; denn es ist ihr Anteil, den ich ihnen gegeben habe von meinem Feueropfer. Es ist ein Hochheiliges gleichwie das Sündopfer und das Schuldopfer. (11) Wer männlich ist unter den Nachkommen Aarons, der soll's essen. Das sei ein ewiges Anrecht für eure Nachkommen an den Feueropfern des Herrn. Wer sie anrührt, soll dem Heiligtum gehören.** (12) Und der Herr redete mit Mose und sprach: **(13) Dies soll das Opfer Aarons und seiner Söhne sein, das sie dem Herrn opfern sollen am Tage ihrer Salbung: ein Zehntel Scheffel feinstes Mehl, das tägliche Speisopfer, die eine Hälfte morgens, die andere abends. (14) In der Pfanne**

sollst du es mit Öl bereiten; durchgeröstet sollst du es herbeibringen, und in Stücke gebrochen sollst du es opfern zum lieblichen Geruch für den Herrn. (15) Und der Priester, der unter Aarons Söhnen an seiner Statt gesalbt wird, soll solches tun. Das ist ein ewiges Anrecht des Herrn. Als Ganzopfer soll es verbrannt werden; (16) denn jedes Speisopfer eines Priesters soll als Ganzopfer verbrannt und nicht gegessen werden. (17) Und der Herr redete mit Mose und sprach: (18) Sage Aaron und seinen Söhnen und sprich: Dies ist das Gesetz des Sündopfers. An der Stätte, wo du das Brandopfer schlachtest, sollst du auch das Sündopfer schlachten vor dem Herrn. Es ist ein Hochheiliges. (19) Der Priester, der das Sündopfer darbringt, soll es essen an heiliger Stätte im Vorhof der Stiftshütte; (20) wer das Fleisch des Opfers anrührt, soll dem Heiligtum gehören. Und wer von seinem Blut ein Kleid besprengt, der soll das besprengte Stück waschen an heiliger Stätte. (21) Und den irdenen Topf, darin es gekocht ist, soll man zerbrechen. Ist's aber ein kupferner Topf, so soll man ihn scheuern und mit Wasser spülen. **(22) Wer männlich ist in den Familien der Priester, darf davon essen; es ist ein Hochheiliges. (23) Aber von allen Sündopfern, von deren Blut etwas in die Stiftshütte gebracht worden ist, um die Sühnung zu vollziehen im Heiligen, soll man nichts essen, sondern sie mit Feuer verbrennen.**

3. Mose 8: (1) Und der Herr redete mit Mose und sprach: (2) Nimm Aaron und seine Söhne und die Kleider und das Salböl und den jungen Stier zum Sündopfer, die beiden Widder und den Korb mit ungesäuertem Brot (3) und versammle die ganze Gemeinde vor der Tür der Stiftshütte. **(4) Mose tat, wie ihm der Herr geboten hatte, und versammelte die Gemeinde vor der Tür der Stiftshütte (5) und sprach zu ihnen: Dies ist's, was der Herr geboten hat zu tun. (6) Und Mose ließ herzutreten Aaron und seine Söhne und wusch sie mit Wasser (7) und legte ihm das leinene Gewand an und gürtete ihn mit dem**

Gürtel und zog ihm das Obergewand an und tat ihm den Priesterschurz um und gürtete ihn mit dem Gurt des Schurzes. (8) Dann tat er ihm die Brusttasche an und legte in die Tasche die Lose »Licht und Recht« (9) und setzte ihm den Kopfbund auf sein Haupt und befestigte an dem Kopfbund vorn das goldene Stirnblatt, den heiligen Reif, wie der Herr es Mose geboten hatte. (10) Und Mose nahm das Salböl und salbte das Heiligtum und alles, was darin war, und weihte es; (11) er sprengte damit siebenmal an den Altar und salbte den Altar mit all seinem Gerät und das Becken mit seinem Gestell, daß alles geweiht würde. (12) Und er goß von dem Salböl auf Aarons Haupt und salbte ihn, daß er geweiht würde, (13) und brachte herzu Aarons Söhne und zog ihnen das leinene Gewand an und gürtete sie mit dem Gürtel und setzte ihnen hohe Mützen auf, wie ihm der Herr geboten hatte.

3. Mose 16: (3) Er soll hineingehen mit einem jungen Stier zum Sündopfer und mit einem Widder zum Brandopfer **(4) und soll das heilige leinene Gewand anlegen, und leinene Beinkleider sollen seine Blöße bedecken, und er soll sich mit einem leinenen Gürtel gürten und den leinenen Kopfbund umbinden, denn das sind die heiligen Kleider; er soll seinen Leib mit Wasser abwaschen und sie dann anlegen.**

3. Mose 21: (1) Und der Herr sprach zu Mose: Sage den Priestern, den Söhnen Aarons, und sprich zu ihnen: Ein Priester soll sich an keinem Toten seines Volkes unrein machen (2) außer an seinen nächsten Blutsverwandten: an seiner Mutter, an seinem Vater, an seinem Sohn, an seiner Tochter, an seinem Bruder (3) und an seiner Schwester, die noch Jungfrau und noch bei ihm ist, die keines Mannes Frau gewesen ist. An deren Leiche darf er sich unrein machen. (4) Sonst soll er sich nicht unrein machen an irgendeinem, der ihm zugehört unter seinem Volk; er würde sich entheiligen. **(5) Sie sollen auch keine**

Glatze scheren auf ihrem Haupt noch ihren Bart stutzen und an ihrem Leibe kein Mal einschneiden. (6) Sie sollen ihrem Gott heilig sein und nicht entheiligen den Namen ihres Gottes, denn sie opfern die Feueropfer des Herrn, die Speise ihres Gottes; darum sollen sie heilig sein. **(7) Sie sollen keine Hure zur Frau nehmen noch eine, die nicht mehr Jungfrau ist oder die von ihrem Mann verstoßen ist; denn sie sind heilig ihrem Gott.** (8) Darum sollst du den Priester heilig halten, denn er opfert die Speise deines Gottes. Er soll dir heilig sein; denn ich bin heilig, der Herr, der euch heiligt. (9) Wenn eines Priesters Tochter sich durch Hurerei entheiligt, so soll man sie mit Feuer verbrennen; denn sie hat ihren Vater entheiligt. **(10) Wer Hohepriester ist unter seinen Brüdern, auf dessen Haupt das Salböl gegossen und dessen Hand gefüllt ist und der angezogen ist mit den heiligen Kleidern, der soll sein Haupthaar nicht wirr hängen lassen und seine Kleider nicht zerreißen (11) und soll zu keinem Toten kommen und soll sich weder an Vater noch an Mutter unrein machen.** (12) Aus dem Heiligtum soll er nicht gehen, daß er nicht entheilige das Heiligtum seines Gottes; denn die Weihe des Salböls seines Gottes ist auf ihm. Ich bin der Herr. **(13) Eine Jungfrau soll er zur Frau nehmen, (14) keine Witwe oder Verstoßene oder Entehrte oder Hure, sondern eine Jungfrau seines Volkes soll er zur Frau nehmen, (15) damit er seine Nachkommen nicht entheilige unter seinem Volk; denn ich bin der Herr, der ihn heiligt.** (16) Und der Herr redete mit Mose und sprach: (17) Sage zu Aaron: Wenn einer deiner Nachkommen in künftigen Geschlechtern einen Fehler hat, der soll nicht herzutreten, um die Speise seines Gottes zu opfern. (18) Denn keiner, an dem ein Fehler ist, soll herzutreten, er sei blind, lahm, mit einem entstellten Gesicht, mit irgendeiner Mißbildung (19) oder wer einen gebrochenen Fuß oder eine gebrochene Hand hat (20) oder bucklig oder verkümmert ist, oder wer einen weißen Fleck im Auge hat oder Krätze oder Flechten oder beschädigte Hoden hat. (21) Wer nun unter Aarons, des

Priesters, Nachkommen einen Fehler an sich hat, der soll nicht herzutreten, zu opfern die Feueropfer des Herrn; denn er hat einen Fehler. Darum soll er sich nicht nahen, um die Speise seines Herrn zu opfern. (22) Doch essen darf er die Speise seines Gottes, vom Heiligen und vom Hochheiligen. (23) Aber zum Vorhang soll er nicht kommen noch zum Altar nahen, weil ein Fehler an ihm ist, damit er nicht entheilige mein Heiligtum: denn ich bin der Herr, der sie heiligt. (24) Mose aber sagte dies zu Aaron und zu seinen Söhnen und zu allen Kindern Israel.

4. Mose 1: (51) Und wenn man weiterzieht, so sollen die Leviten die Wohnung abbrechen. Wenn aber das Heer sich lagert, sollen sie die Wohnung aufschlagen.

4. Mose 3: (11) Und der Herr redete mit Mose und sprach: (12) Siehe, ich habe die Leviten genommen aus den Israeliten statt aller Erstgeburt, die den Mutterschoß durchbricht in Israel, so daß die Leviten mir gehören sollen. (13) Denn die Erstgeburten sind mein. An dem Tage, da ich alle Erstgeburt schlug in Ägyptenland, da heiligte ich mir alle Erstgeburt in Israel, vom Menschen an bis auf das Vieh, daß sie mir gehören sollen. Ich bin der Herr.

4. Mose 4: (1) Und der Herr redete mit Mose und Aaron und sprach: (2) Nimm die Summe der Söhne Kehath aus den Söhnen Levi auf nach ihren Geschlechtern und Sippen, (3) von dreißig Jahren an und darüber bis ins fünfzigste Jahr, alle, die zum Dienst kommen, daß sie ihre Arbeit tun an der Stiftshütte. (4) Dies soll aber das Amt der Söhne Kehath an der Stiftshütte sein: der Dienst am Hochheiligen. (5) Wenn das Heer aufbricht, so sollen Aaron und seine Söhne hineingehen und den inneren Vorhang abnehmen und die Lade mit dem Gesetz damit umhüllen (6) und darauf eine Decke von Dachsfellen legen und oben darauf eine ganz blaue Decke breiten und ihre Stangen durchstecken (7) und über den Schaubrottisch auch eine blaue Decke breiten und darauf legen die

Schüsseln und Löffel, die Schalen und Kannen des Trankopfers, und das Schaubrot soll darauf liegen. (8) Und sie sollen darüber breiten eine scharlachrote Decke und sie mit einer Decke von Dachsfellen bedecken und seine Stangen durchstecken (9) und sollen eine blaue Decke nehmen und damit umhüllen den Leuchter und seine Lampen mit seinen Lichtscheren und Pfannen und allen Ölgefäßen, die zum Dienst gehören, (10) und sollen um das alles eine Decke von Dachsfellen tun und sollen es auf Tragstangen legen. (11) Ebenso sollen sie auch über den goldenen Altar eine blaue Decke breiten und sie bedecken mit einer Decke von Dachsfellen und seine Stangen durchstecken. (12) Alle Geräte, womit sie Dienst tun im Heiligtum, sollen sie nehmen und in eine blaue Decke tun und sie mit einer Decke von Dachsfellen bedecken und auf Tragstangen legen. (13) Sie sollen auch die Asche vom Altar fegen und eine Decke von rotem Purpur über ihn breiten (14) und alle seine Geräte darauf legen, womit sie an ihm Dienst tun: Kohlenpfannen, Gabeln, Schaufeln, Becken, alle Geräte des Altars; und sollen darüber breiten eine Decke von Dachsfellen und seine Stangen durchstecken.

(15) Wenn nun Aaron und seine Söhne beim Aufbruch des Heeres dies alles ausgerichtet und das Heilige und all seine Geräte bedeckt haben, dann sollen die Söhne Kehath kommen, um es zu tragen. Sie sollen aber das Heilige selbst nicht anrühren, daß sie nicht sterben. Dies ist es, was die Söhne Kehath von der Stiftshütte zu tragen haben. (16) Und Eleasar, dem Sohn Aarons, des Priesters, ist anvertraut das Öl zum Licht und die Spezerei zum Räucherwerk und das tägliche Speisopfer und das Salböl und die Aufsicht über die ganze Wohnung und alles, was darin ist an heiligem Gerät.

(17) Und der Herr redete mit Mose und Aaron und sprach: (18) Ihr sollt den Stamm der Geschlechter der Kehathiter nicht zugrunde gehen lassen unter den Leviten, (19) sondern das sollt ihr mit ihnen tun, damit sie leben und nicht sterben, wenn sie dem Hochheiligen na-

hen: Aaron und seine Söhne sollen hineingehen und einen jeden anstellen zu seinem Amt und seiner Traglast. (20) Sie aber sollen nicht selbst hineingehen, auch nur einen Augenblick das Heilige zu schauen, daß sie nicht sterben.

(21) Und der Herr redete mit Mose und sprach: (22) Nimm auch die Summe der Söhne Gerson auf nach ihren Sippen und Geschlechtern, (23) von dreißig Jahren an und darüber bis ins fünfzigste Jahr, und stelle alle, die zum Dienst kommen, an, daß sie ihr Amt ausüben an der Stiftshütte. (24) Dies soll aber das Amt der Geschlechter der Gersoniter sein, was sie tun und tragen sollen: (25) Sie sollen die Teppiche der Wohnung, der Stiftshütte, tragen, ihre Decke und die Decke von Dachsfellen, die obendrüber ist, und den Vorhang in der Tür der Stiftshütte (26) und die Umhänge des Vorhofs und den Vorhang in der Tür des Tors am Vorhof, der die Wohnung und den Altar umgibt, und ihre Seile und alle Geräte ihres Dienstes und alles, was zu ihrem Amt gehört. (27) Nach dem Wort Aarons und seiner Söhne soll aller Dienst der Söhne Gerson geschehen, alles, was sie tragen und tun sollen, und ihr sollt zusehen, daß sie alles ausrichten, was sie zu tragen haben. (28) Das soll das Amt der Geschlechter der Gersoniter sein an der Stiftshütte, und ihr Dienst soll geschehen unter der Leitung Itamars, des Sohnes Aarons, des Priesters. (29) Die Söhne Merari nach ihren Geschlechtern und Sippen sollst du auch bestellen, (30) von dreißig Jahren an und darüber bis ins fünfzigste Jahr, alle, die zum Dienst kommen, daß sie ihr Amt ausüben an der Stiftshütte. (31) Dies alles soll ihr Dienst an der Stiftshütte sein, daß sie tragen die Bretter der Wohnung und ihre Riegel und Säulen und Füße, (32) dazu die Säulen um den Vorhof und ihre Füße und Pflöcke und Seile mit allen ihren Geräten, ganz wie es ihr Amt erfordert. Und ihr sollt ihnen die einzelnen Geräte zuweisen, die sie zu tragen haben. (33) Das sei das Amt der Geschlechter der Söhne Merari, alles, was sie ausrichten sollen an der Stiftshütte unter der Leitung Itamars, des Sohnes Aarons, des Priesters.

(34) Und Mose und Aaron samt den Fürsten der Gemeinde zählten die Kehathiter nach ihren Geschlechtern und Sippen, (35) von dreißig Jahren an und darüber bis ins fünfzigste, alle, die zum Dienst kamen, daß sie ihr Amt ausübten an der Stiftshütte. (36) Und ihre Summe war 2750. (37) Das ist die Summe der Geschlechter der Kehathiter, aller, die zu dienen hatten an der Stiftshütte und die Mose und Aaron zählten nach dem Wort des Herrn, das durch Mose ergangen war. (38) Die Söhne Gerson wurden auch gezählt nach ihren Geschlechtern und Sippen, (39) von dreißig Jahren an und darüber bis ins fünfzigste, alle, die zum Dienst kamen, daß sie ihr Amt an der Stiftshütte ausübten. (40) Und ihre Summe war 2630. (41) Das ist die Summe der Geschlechter der Söhne Gerson, aller, die zu dienen hatten an der Stiftshütte und die Mose und Aaron zählten nach dem Wort des Herrn. (42) Die Söhne Merari wurden auch gezählt nach ihren Geschlechtern und Sippen, (43) von dreißig Jahren an und darüber bis ins fünfzigste, alle, die zum Dienst kamen, daß sie ihr Amt an der Stiftshütte ausübten. (44) Und ihre Summe war 3200. (45) Das ist die Summe der Geschlechter der Söhne Merari, die Mose und Aaron zählten nach dem Wort des Herrn, das durch Mose ergangen war. (46) Die Summe aller Leviten, die Mose und Aaron samt den Fürsten Israels zählten nach ihren Geschlechtern und Sippen, (47) von dreißig Jahren an und darüber bis ins fünfzigste, aller, die zum Dienst kamen, daß sie ihr Amt ausübten an der Stiftshütte und Lasten trügen, (48) war 8580. (49) Sie wurden bestellt nach dem Wort des Herrn, das durch Mose ergangen war, ein jeder zu seinem Amt und seiner Traglast, wie der Herr es Mose geboten hatte.

4. Mose 8: (23) Und der Herr redete mit Mose und sprach: (24) Das ist's, was für die Leviten gilt: **Von fünfundzwanzig Jahren an und darüber sollen sie zum Dienst kommen und ihr Amt ausüben an der Stiftshütte, (25) aber von dem fünfzigsten Jahr an sollen sie frei sein vom**

Amt und sollen nicht mehr dienen, (26) sondern nur ihren Brüdern helfen beim Dienst an der Stiftshütte; das Amt aber sollen sie nicht mehr ausüben. So sollst du mit den Leviten tun, daß ein jeder seinen Dienst versehe.

4. Mose 17: (16) Und der Herr redete mit Mose und sprach: **(17) Rede mit den Israeliten und nimm von ihnen zwölf Stäbe, von jedem Fürsten ihrer Sippen je einen, und schreib eines jeden Namen auf seinen Stab. (18) Aber den Namen Aarons sollst du schreiben auf den Stab Levis. Denn für jedes Haupt ihrer Sippen soll je ein Stab sein. (19) Und lege sie in der Stiftshütte nieder vor der Lade mit dem Gesetz, wo ich mich euch bezeuge. (20) Und wen ich erwählen werde, dessen Stab wird grünen. So will ich das Murren der Israeliten, mit dem sie gegen euch murren, stillen.**

(21) Mose redete mit den Israeliten, und alle ihre Fürsten gaben ihm zwölf Stäbe, ein jeder Fürst je einen Stab, nach ihren Sippen, und der Stab Aarons war auch unter ihren Stäben. (22) Und Mose legte die Stäbe vor dem Herrn nieder in der Hütte des Gesetzes. (23) Am nächsten Morgen, als Mose in die Hütte des Gesetzes ging, fand er den Stab Aarons vom Hause Levi grünen und die Blüten aufgegangen und Mandeln tragen. (24) Und Mose trug die Stäbe alle heraus von dem Herrn zu allen Israeliten, daß sie es sahen, und ein jeder nahm seinen Stab. (25) Der Herr aber sprach zu Mose: Trage den Stab Aarons wieder vor die Lade mit dem Gesetz, damit er verwahrt werde zum Zeichen für die Ungehorsamen, daß ihr Murren vor mir aufhöre und sie nicht sterben. (26) Mose tat, wie ihm der Herr geboten hatte. (27) Und die Israeliten sprachen zu Mose: Siehe, wir verderben und kommen um; wir werden alle vertilgt und kommen um. (28) Wer sich naht zu der Wohnung des Herrn, der stirbt. Sollen wir denn ganz und gar untergehen?

Der Hohepriester war ein Nachkomme Aarons. Als geklärt werden mußte, wer denn der erste Hohepriester werden sollte, brach ein Streit aus. Daraufhin gab Gott Mose eine Anweisung, wie die Wahl durchgeführt werden sollte (4. Mose 17, 16 ff.). Von jedem Stamm des Volkes Israel sollte ein Mann ausgewählt werden. Jeder sollte am Abend eines bestimmten Tages einen Zweig eines Baumes, mit dem Namen des Besitzers eingraviert, in das Allerheiligste vor die Bundeslade durch Mose legen lassen. Der Zweig, der Blätter ausschlug, sollte aufzeigen, wen Gott als Hohenpriester auserwählt hatte. Am nächsten Morgen war an den meisten Zweigen keine Veränderung sichtbar. Nur der Zweig des Aaron hatte ausgeschlagen, trug Blätter und Mandelfrüchte. Somit konnte das Volk Israel erkennen, daß Aaron zum ersten Hohenpriester von Gott bestimmt war. Aus diesem Grund gab es auch die Anweisung, daß der Stab Aarons zur Erinnerung immer vor der Bundeslade liegen mußte (4. Mose 17, 25).

Zu Beginn des Kapitels sieht man links auf der Grafik einen Hohenpriester. Dieser Priester hat eine besondere Aufgabe. Er ist zum einen der Richter der Stämme Israels, des weiteren arbeitet er das ganze Jahr im Heiligtum, und einmal im Jahr durfte er am Versöhnungstag, Yom Kippur, in das Allerheiligste. Nur an diesem einen Tag zog er seine besondere Kleidung aus, und kleidete sich als normaler Priester. Dies normale Gewand ist ein einfaches weißes Kleid, es mußte allerdings bis zu den Handgelenken bzw. zu den Knöcheln gehen, denn ein Priester sollte „seine Blöße bedecken“ (3. Mose 16,4). Übrigens ist dies auch der Grund, warum nirgends eine Treppe oder Stufen in der Anlage zu finden ist. Steigt man eine Treppe oder Stufe nach oben, muß man ja sein Knie anheben und anwinkeln. Dadurch bedingt wird die Kleidung, Rock oder Hose, etwas hochgezogen, wodurch der Priester eine Blöße zeigen würde, und das war nicht zulässig.

Die besondere Kleidung des Hohenpriesters hat viele Bedeutungen und Hintergründe. Zum einen trägt er zu unterst das normale Priestergewand. Darüber wird das blaue Purpurgewand angezogen. Fachleute sagten mir, dieses blaue Gewand sei mit Seide zu vergleichen. Was haben aber nun die einzelnen Farben zu bedeuten? Die Farbe Blau stand symbolisch für die königliche Farbe, Weiß für die Reinheit, und Rot symbolisierte das Opferblut, das vergossen wurde. Also hat hier die blaue Farbe des Oberkleides symbolisch die königliche Farbe. An diesen Rock wurden an der Unterkante abwechselnd kleine Granatäpfel und kleine Glöckchen aufgenäht. Die Granatäpfel standen für das Essen, doch die Glöckchen hatten eine ganz praktische Bedeutung. Der Hohepriester durfte ja als einziger einmal im Jahr in das Allerheiligste. Die Glöckchen zeigten nun an, „daß man seinen Klang höre, wenn er hineingeht ins Heiligtum vor dem Herrn . . .“ (2. Mose 28, 35). Das Läuten der Glöckchen war ein Zeichen für das vor der Stiftshütte wartende Volk, daß der Hohepriester während seines Dienstes noch am Leben war. Gott nahm das Opfer an. Bei irgendeiner Gesetzesübertretung hätte der Hohepriester sterben müssen. Über diesen blauen Rock trug er noch eine besondere Schürze. Diese war wieder eine Buntwirkerarbeit in den besonderen Farben Rot, Blau und Weiß. Über das Muster läßt sich nichts sagen. Auch eine Deutung ist nicht möglich. Oben auf den Trägern trug er je eine Schulterlasche mit einem großen Edelstein, in den jeweils sechs Namen der Stämme Israels eingraviert waren. Diese Edelsteine waren in Gold gefaßt und auf die Träger der Schürze aufgenäht.

Vorne über der Brust hatte er eine große Brusttasche. In dieser waren die zwei Lose „Licht“ und „Recht“. Da der Hohepriester kraft seines Amtes der höchste Richter war, benötigte er Hilfsmittel, um Recht sprechen zu können. Dafür verwendete er u.a. diese beiden Lose.

Die Brusttasche muß man sich als einen übergroßen Brustbeutel vorstellen, wie man ihn aus dem Urlaub kennt. Die Kantenlänge war 0,23 m (2. Mose 28, 16), d.h. 0,23 m breit x 0,23 m lang. Auf dieser Brusttasche war eine große Goldplatte, in der 12 Edelsteine eingelassen waren. Jeder Stein bekam einen Namen eines Stammes Israels eingraviert. Was es mit den Edelsteinen genauer auf sich hatte, möchte ich Ihnen im nachfolgenden Kapitel 11 gerne vorstellen. Durch diese Edelsteine, in die die Namen der zwölf Stämme Israels eingraviert waren, trug der Priester jederzeit symbolisch das Volk Israel auf seinem Herzen. Die genaue Beschreibung der Kleidung des Priesters und des Hohenpriesters können Sie in 2. Mose 28, 1–43 nachlesen.

Nun möchte ich Ihnen aber noch einige andere Aspekte über den Hohenpriester erzählen. Einiges kennen Sie vielleicht schon, aber bestimmt werden Sie von dem einen oder anderen Punkt überrascht sein.

Der Priester durfte verheiratet sein. Es gibt keine Aussagen, daß eine Ehe nicht zulässig war. Im Gegenteil: Es gibt klare Anweisungen, was ein Priester bei der Heirat zu beachten hatte. Die Frau durfte keine Hure, nicht geschieden und mußte noch eine Jungfrau sein. Dann gab es keine Einwände gegen eine Heirat (3. Mose 21, 7 ff.). Nicht nur für den Priester galt diese Regelung, auch für den Hohepriester galten die Gesetze (3. Mose 21, 13).

Auch zum Äußeren des Priesters gibt es Beschreibungen. So sollen sich der Priester und auch der Hohepriester keine Glatze scheren lassen, und der Bart darf nicht gestutzt werden (3. Mose 21, 5). Der Hohepriester erhielt sogar noch eine weitere Anweisung: „Der soll sein Haupthaar nicht wirr hängen lassen." (3. Mose 21, 10). Aber ob die Priester jetzt mit langen oder mit kurzen Haaren leben mußten, kann aus diesem Text nicht entnommen werden.

Bei der Zählung des Volkes Israel wurden die Priester und ihr Stamm gesondert gezählt. Im Gegensatz zum restlichen Volk wurden im Stamm Levi alle männlichen Mitglieder ab dem ersten Lebensmonat mitgezählt. Bis zum Alter von 25 Jahren taten sie ihren normalen Dienst im Volk. Wurde ein Mann des Stammes Levi 25 Jahre alt, so wurde er auf seinen Dienst in der Stiftshütte vorbereitet. Seine Ausbildungszeit betrug fünf Jahre. Mit seinem 30. Geburtstag wurde dieses Mitglied des Stammes offiziell zum Dienst geweiht. Die genauen Feierlichkeiten der Weihe werden in 2. Mose 29 beschrieben. Bis zu seinem 50. Geburtstag tat er seinen Dienst am Volk und für Gott. Danach wurde er von dieser Arbeit freigestellt. Er sollte keinen offiziellen Dienst mehr tun, sondern sollte frei sein und seinen Brüdern im Dienst helfen (4. Mose 8, 23–25). Auch Aufsichtsaufgaben wurden ihm zugeteilt. So mußte er achtgeben, daß bei jedem Aufbruch des Volkes Israel nichts von der Stiftshütte an einem Lagerplatz liegenblieb. Solche und andere wichtige Aufgaben wurden von den „pensionierten“ Priestern und Leviten wahrgenommen.

Nun, bevor Sie durcheinanderkommen, ein paar Informationen zu den Priestern und den Leviten. Was ist dort eigentlich der Unterschied? Der Priester und der Hohepriester waren direkte nachkommen Aarons. Ihre Aufgaben umfaßten den gesamten Opferdienst in der Stiftshütte. Sie mußten stellvertretend für das Volk deren Sünden sühnen und bereinigen. Im 3. Buch Mose finden Sie die verschiedenen Gesetze, die von den Priestern eingehalten werden mußten.

Die Leviten waren die Helfer der Priester. Sie gehören zum Stamm Levi. Neben ihrer unterstützenden Funktion für die Priester waren sie hauptsächlich für den Auf- und Abbau sowie den Transport der gesamten Stiftshütte zuständig (4. Mose 1, 51). Wenn Sie sich etwas später die Texte über die Wanderschaft anschauen, werden Sie schnell zu dem Schluß kommen, so schwer war das doch gar nicht für das große Volk Israel. Bei genauem Hinsehen finden Sie aber in den Textstellen, daß nur die Leviten den Dienst an und in der Stiftshütte tun durften. Sofort sieht man das Ganze aus einem anderen Blickwinkel. Nur noch ca. 8.500 Mann blieben übrig, die den Transport der Stiftshütte bewältigen konnten. Die genauen Zahlen können Sie im Anhang finden.

Wenn man sich nun mit dem Thema beschäftigt hat, stellt sich natürlich die Frage, warum eigentlich gerade die Leviten den Stamm des Volkes bildetenr, der die Mitarbeiter der Stiftshütte stellte? Kein anderer Stamm war dazu bestimmt. Bei der Suche in der Bibel stolperte ich u.a. über die Verse in 4. Mose 3, 11–13. Als das Volk Israel in Gefangenschaft in Ägypten war, nahm sich Gott alle Erstgeburt bei Mensch und Tier. Gott nahm sich „statt aller Erstgeburt . . ., so daß die Leviten mir gehören sollen." Daraus folgernd „gehörte" ihm dieser Stamm, der ihm jetzt dienen sollte. Aus diesem Grunde kann daher nur dieser Stamm die Dienste erfüllen.

Wenn die Leviten nun aber besonders ausgewählt waren, ihrem Gott zu dienen, kommt mir sofort eine Frage auf. Durch ihren Dienst bedingt konnten die Männer des Stammes Levi keiner anderen Tätigkeit nachgehen. Wovon konnten sie sich denn dann ernähren? An verschiedenen Stellen im Text, so z.B. auch in 3. Mose 6, 9–19 + 22, wird berichtet, daß die Opfergaben des Volkes Israel aufgeteilt werden mußten. Ein bestimmter Teil der Tiere wurde geopfert, der restliche Teil wurde von den Priestern gegessen. So wurde das Brot vom Schaubrottisch im Heiligtum immer am Beginn des Schabbat, d.h. am Freitagabend, durch neue Brote ausgetauscht. Die Brote der letzten Woche wurden entfernt und durften von den Priestern aufgegessen werden. Sollte die Speise nicht ausreichen, so wurde das Volk angehalten, die Priester zu versorgen, daß sie genügend zu essen hatten.

Symbolik und Zusammenhang mit dem Neuen Testament

Die Priester und der Hohepriester taten ihren Dienst in der Stiftshütte stellvertretend für das Volk Israel.

Und für uns hat Jesus Christus stellvertretend den Dienst getan. Er hat uns durch sein stellvertretendes Opfer mit Gott versöhnt. Im Hebräerbrief Kapitel 10, Vers 11 ff heißt es: „Jesus Christus hat ein Opfer für die Sünden gebracht . . . Wo aber Vergebung der Sünden ist, da geschieht kein Opfer mehr für die Sünde.“

Der Hohepriester war der einzige, der einmal im Jahr in das Allerheiligste durfte. Dort konnte er direkt Kontakt mit Gott aufnehmen.

Jesus Christus hat als Sohn Gottes den Kontakt zu Gott, dem Vater für uns Menschen ein für allemal hergestellt. Durch Jesus Christus können wir direkt Kontakt mit Gott aufnehmen. Für diesen Kontakt benötigen wir keinen anderen Mittler mehr. Der Apostel Paulus schreibt im 1. Timotheusbrief Kapitel 2, Vers 5: „Denn es ist ein Gott und ein Mittler zwischen Gott und den Menschen, nämlich der Mensch Christus Jesus.“

11. Edelsteine

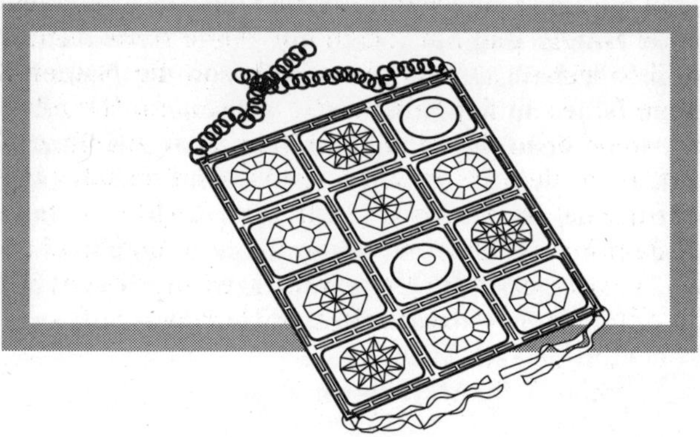

2. Mose 28: (9) Und du sollst zwei Onyxsteine nehmen und darauf eingraben die Namen der Söhne Israels, (10) auf jeden sechs Namen nach der Ordnung ihres Alters. (11) Das sollst du tun in Steinschneiderarbeit nach der Weise der Siegelstecher, und sie sollen mit Goldgeflecht eingefaßt werden. (12) Und du sollst sie auf die Schulterteile des Schurzes heften, daß es Steine seien zum gnädigen Gedenken an die Israeliten, so daß Aaron ihre Namen auf seinen beiden Schultern trage vor dem Herrn, damit der Herr ihrer gedenke. (13) Und du sollst andere Goldgeflechte machen (14) und zwei Ketten von feinem Gold wie gedrehte Schnüre und sollst die geflochtenen Ketten an diese Goldgeflechte tun. (15) Die Brusttasche für die Losentscheidungen sollst du wie den Priesterschurz machen, kunstreich gewirkt, aus Gold, blauem und rotem Purpur, Scharlach und gezwirnter feiner Leinwand. (16) Viereckig soll sie sein und doppelt gelegt; eine Spanne soll ihre Länge sein und eine Spanne ihre Breite. **(17) Und du sollst sie besetzen mit vier Reihen von Steinen. Die erste Reihe sei ein Sarder, ein Topas und ein Smaragd, (18) die andere ein Rubin, ein Saphir und ein**

Diamant, (19) die dritte ein Lynkurer, ein Achat und ein Amethyst, (20) die vierte ein Türkis, ein Onyx und ein Jaspis; in Goldgeflecht sollen sie gefaßt sein. (21) Zwölf sollen es sein in Siegelstecherarbeit nach den Namen der Söhne Israels, daß auf jedem ein Name stehe nach den zwölf Stämmen . . . (29) So soll Aaron die Namen der Söhne Israels in der Brusttasche auf seinem Herzen tragen, wenn er in das Heiligtum geht, zum gnädigen Gedenken vor dem Herrn allezeit. (30) Und du sollst in die Brusttasche tun die Lose »Licht und Recht«, so daß sie auf dem Herzen Aarons seien, wenn er hineingeht vor den Herrn, daß er die Entscheidungen für die Israeliten auf seinem Herzen trage vor dem Herrn allezeit.

Praktisch gesehen

Wie ich Ihnen schon gerade im Kapitel über die Priester versprochen habe, möchte ich Ihnen jetzt ein paar interessante Daten und Fakten zu den Edelsteinen weitergeben.

Bei der Ausarbeitung der Bibelarbeit fand ich u.a. in 2. Mose 28,17-21 die Aufzählung der Edelsteine des Brustschildes vom Hohepriester. Ich schrieb mir die Namen heraus und ging damit zum nächsten Juwelier. Dort mußte der Ärmste, besser gesagt die Ärmste, erst einmal auf die Suche gehen. Einen Edelstein, den Lynkurer, fand sie aber nirgends. Ich ging nach Hause und versuchte mehr über diesen Stein herauszufinden. So holte ich auch andere Bibelübersetzungen heraus und hoffte, dort Hilfe zu finden. Aber – ganz im Gegenteil . . . Dort standen völlig andere Edelsteine, und die Reihenfolge war auch unterschiedlich. Da wurde ich hellwach. Je mehr Übersetzungen ich heranzog, desto mehr Edelsteinnamen und Reihenfolgen erhielt ich. Das konnte es ja wohl nicht gewesen sein! Ein Theologe half mir weiter, indem er den Originaltext zu Rate zog. Was aber dabei herauskam, überraschte selbst den Theologen.

Im Urtext wurden meistens gar keine Namen verwendet, sondern nur Eigenschaften und Umschreibungen der Edelsteine erwähnt. So liest man von einem gelben Stein, einem, der aufleuchtet, einem blitzenden Stein usw. Damit die Steine einen Namen erhielten, haben die Übersetzer sich selbst Namen ausgedacht. So machte Luther z.B. aus dem „Roten Stein“ einen Sarder usw. Von allen Edelsteinen ist überhaupt nur ein Stein mit dem Originaltext identisch, der Saphir. Nimmt man die Septuaginta, eine alte griechische Übersetzung der Bibel, hinzu, so sind nur sechs Edelsteine wiederzufinden. Dies fand ich ganz interessant, wie verschiedene Übersetzer ihre Phantasie spielen ließen. Damit Sie selbst einen kleinen Überblick bekommen, möchte ich Ihnen nachstehend einmal die Steine mit ihren Umschreibungen aus dem Urtext vorstellen:

1.	Hebräisch:	Odem, ein roter Stein. Kommt vom Wortstamm Odäm = rot
	Griechisch:	Sardios
	Luther:	Sarder. Der im Altertum nach seinem Fundort, der Stadt Sardes in Kleinasien, benannte Edelstein Karneol oder Rubin.
2.	Hebräisch:	Pitda, ein gelber Stein, der besonders in Äthiopien gefunden wurde: Topas oder Chrysolith.
	Griechisch:	Topazion
	Luther:	Topas
3.	Hebräisch:	Baräkät, ein Edelstein, der blitzt, wohl ein Smaragd. Kommt vom Wortstamm Barak = blitzen, blinken, aufleuchten.
	Griechisch:	Smaragdos
	Luther:	Smaragd

4. Hebräisch: Nopek, ein Edelstein, der nicht näher bestimmt werden kann. Kommt vom Wortstamm Puk = Schmuck, Verzierung; also wohl ein „Schmuckstein“, vielleicht ein Granat, Karfunkel oder Malachit.
Griechisch: Anthrax = Steinsplitter, Kohle
Luther: Rubin

5. Hebräisch: Sappir
Griechisch: Sappheiros
Luther: Saphir

6. Hebräisch: Jahalom, ein Edelstein, zu dessen näherer Bestimmung Angaben fehlen. Alte Deutungen schwanken zwischen Diamant, Jaspis und Smaragd. Der Wortstamm Halam = schlagen, stampfen, führte zu dem Begriff der Härte, also ein harter Stein.
Griechisch: Jaspis
Luther: Diamant

7. Hebräisch: Läschäm, ein unbekannter Edelstein („Opal“ kommt auch nicht mehr in den neueren Wörterbüchern vor.)
Griechisch: Ligurion. Dieses Wort kommt im griechischen Lexikon nicht mehr vor. Ligus = Ligurier, ein Volksstamm bei Genua. Ein weiterer Zusammenhang ist nicht zu bestimmen.
Luther: Lynkurer

8. Hebräisch: Sebo, ein nicht mehr zu bestimmender Edelstein. Es gibt keinen ähnlichen Wortstamm.
Griechisch: Achates
Luther: Achat

9.	Hebräisch:	Achelamah, ein unbekannter Edelstein. Der Wortstamm Chalam = träumen. Der Stein soll die Kraft haben, Träume zu verleihen. Außerdem soll er, wenn man ihn trägt, vor Trunkenheit schützen.
	Griechisch:	Amethusthos
	Luther:	Amethyst
10.	Hebräisch:	Tarsis, Name eines Edelsteins, der wahrscheinlich von der spanischen Stadt Tartessus, später Tarsis, einem wichtigen alten Handelsort, seinen Namen hat.
	Griechisch:	Chrysolithus. Auch Josephus erklärt ihn durch Chrysolith.
	Luther:	Türkis
11.	Hebräisch:	Schoham, ein nicht sicher zu bestimmender Edelstein. Nach alten Überlieferungen könnte es Sardonyx, Sardius, Beryll, Chrysopras oder auch Onyx sein. (Das arabische Wort für „streifiges Kleid" hat den gleichen Wortstamm; Onyx hat weißliche Linien.).
	Griechisch:	Berullion
	Luther:	Onyx
12.	Hebräisch:	Jasepeh = Jaspis
	Griechisch:	Onuxion
	Luther:	Jaspis

Als ich das so las, war ich natürlich erst einmal erstaunt. Dann stellte ich mir die Frage, warum alle Übersetzer hier ihre Phantasie spielen lassen und nicht genau übersetzten. Nach einigen Überlegungen kam ich zu folgendem Schluß: Wie soll man – bitteschön – einen „blinkenden Stein, der aufleuchtet", benennen? Da diese Steine keine nähere Bedeutung für die Stiftshütte und für die Kleidung des Hohenpriesters hatten, ist ihr genauer Name unwichtig. Für unser besseres Verständnis verwendeten die Übersetzer, in meinem Fall Martin Luther, dann Namen von bekannten Edelsteinen. So kann sich der Leser ein ungefähres Bild der Brustplatte machen.

Es gibt einige Zeitgenossen, die Deutungen für die Edelsteine zu erstellen beginnen. Dieser Stamm des Volkes Israel hat jenen Edelstein zugewiesen bekommen, ein anderer Stamm diesen; daraus schließen sie Bedeutungen und Symbolik für die Stämme Israels.

Zum einen ist diese Art der Übertragung in meinen Augen sehr weit hergeholt, nicht nachvollziehbar und auf gar keinen Fall biblisch. Denn schon bei den eingewebten Teppichmustern konnte ich Ihnen ja zeigen, daß die Handwerker eigene Muster ersinnen sollten. So wurden meines Erachtens auch die Edelsteine eingesetzt. Zum anderen können Sie anhand der Beschreibungen aus dem Urtext ersehen, daß die Übersetzungen nicht korrekt sind. Eine Deutung der Edelsteine und deren Bedeutung hat keine biblische Grundlage und ist daher abzulehnen.

Um Ihnen die Brustplatte des Hohenpriesters abschließend noch einmal vorzustellen, möchte ich Ihnen nachstehend die Aufstellung der Edelsteine zeigen. Zu den jeweiligen Steinen setzte ich die Stämme Israels, die ihnen zugeordnet wurden. Diese Aufstellung ist nach der Lutherübersetzung 1984 erstellt:

Schulterplatten: *Onyx*

Ephod / Brustschild:

1. Edelsteinreihe:	Sarder	Topas	Smaragd
Stamm Israels:	Ruben	Simeon	Levi
2. Edelsteinreihe:	Rubin	Saphir	Diamant
Stamm Israels:	Juda	Dan	Naphtali

3.	Edelsteinreihe:	Lynkurer	Achat	Amethyst
	Stamm Israels:	Gad	Asser	Isaschar
4.	Edelsteinreihe:	Türkis	Onyx	Jaspis
	Stamm Israels:	Sebulon	Joseph	Benjamin

Als Edelmetalle wurden Gold, Silber und Kupfer verwendet. Diese wurden den Mitgliedern des Volkes Israel als Entschädigung in Ägypten mitgegeben. Somit ist der Ursprung auch geklärt.

Symbolik und Zusammenhang mit dem Neuen Testament

Zu diesem Kapitel ist nur wenig bezüglich der Symbolik zu sagen. Dem Planer und Erbauer der Stiftshütte, Gott, war kein Material und keine Verarbeitung zu schade. Er verwendete nur das beste Material, was zu der damaligen Zeit verwendet werden konnte.

Nimmt man sich nun die Aussagen einiger Autoren vor und nimmt deren Deutung der Symbolik unter die Lupe, erfährt man Erstaunliches. Betrachtet man nun die Ausarbeitungen über die Deutung der Edelsteine und bringt diese, wie es einige Autoren tun, mit den Stämmen Israels zusammen, so kann man keine Zusammenhänge erkennen. Diese Autoren beißen sich dort in Überlegungen und vager Symbolik fest, die jeglichen Sinn entbehren. Ich persönlich kann davor nur warnen. Ich versuche Ihnen damit aufzuzeigen, daß man nur dort eine Symbolik erkennen und Übertragungen in das Neue Testament vornehmen kann, wo auch Möglichkeiten klar auf der Hand liegen. Weitergehende Gedanken sind nicht ganz ungefährlich.

Sie sehen, es ist viel Symbolik in der Stiftshütte versteckt, man muß aber auch die Grenzen erkennen. Auf gar keinen Fall kann man jeden Holzsplitter oder einzelnen Faden deuten. Es ist allein wichtig, die Bedeutung der Stiftshütte zu erkennen. Es gibt Autoren, die z.B. mit den Zahlen arbeiten. So hat die Ziffer 9 eine bestimmte Bedeutung. Die 9 erhält man aber auch durch 10 minus 1, oder 8 plus 1, oder 7 plus 2, oder gar 3 multipliziert mit 3 . . . Jede Form ihrer Zusammensetzung hat seine eigene Deutung. Meines Erachtens führt dies zu weit. Zudem muß überprüft werden, inwieweit diese Gedanken noch biblisch sind.

12. Teppiche

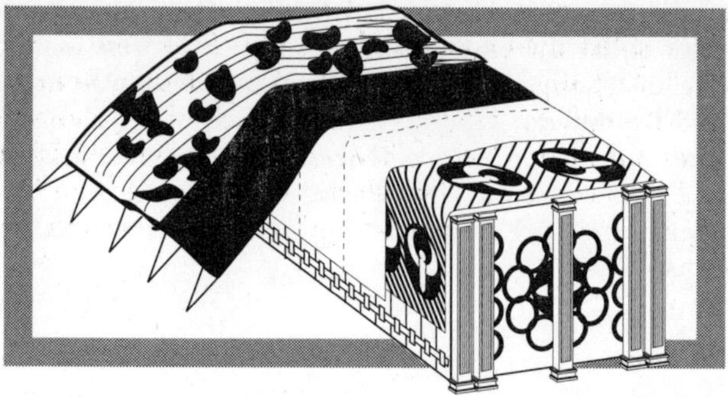

2. Mose 26: (1) Die Wohnung sollst du machen aus zehn Teppichen von gezwirnter feiner Leinwand, von blauem und rotem Purpur und von Scharlach. Cherubim sollst du einweben in kunstreicher Arbeit. (2) Die Länge eines Teppichs soll achtundzwanzig Ellen sein, die Breite vier Ellen, und sie sollen alle zehn gleich sein; (3) und es sollen je fünf zu einem Stück zusammengefügt werden, einer an den andern. (4) Und du sollst Schlaufen machen von blauem Purpur bei jedem Stück an dem Rand, wo die zwei Stücke zusammengeheftet werden, (5) fünfzig Schlaufen an jedem Stück, daß eine Schlaufe der anderen gegenüberstehe. (6) Und du sollst fünfzig goldene Haken machen, mit denen man die Teppiche zusammenhefte, einen an den anderen, damit es eine Wohnung werde. (7) Du sollst auch Teppiche aus Ziegenhaar machen als Zelt über der Wohnung, elf Teppiche. (8) Die Länge eines Teppichs soll dreißig Ellen sein, die Breite aber vier Ellen, und sie sollen alle elf gleich groß sein. (9) Fünf sollst du aneinanderfügen und die sechs anderen auch, damit du den sechsten Teppich vorn an dem Zelt doppelt legst; (10) und sollst an jedes Stück fünfzig Schlaufen machen an dem Rand, wo die Stücke zusam-

mengeheftet werden. (11) Und du sollst fünfzig Haken aus Kupfer machen und die Haken in die Schlaufen tun, daß beide Stücke zu einem einzigen Zelt zusammengefügt werden. (12) Aber vom Überhang der Teppiche des Zeltes sollst du einen halben Teppich hinten an dem Zelte überhängen lassen (13) und auf beiden Seiten je eine Elle, daß der Überhang an den Seiten des Zeltes sei und es auf beiden Seiten bedecke. (14) Über die Decke des Zeltes sollst du eine Decke von rotgefärbten Widderfellen machen und darüber noch eine Decke von Dachsfellen.

Praktisch gesehen

Im Gegensatz zu einem normalen Hausbau, bei dem man unten beginnt und sich dann nach oben arbeitet, möchte ich heute mit Ihnen den umgekehrten Weg gehen. Wir fangen oben an. Oben auf die Stiftshütte wurden vier Teppiche gelegt. Jeder einzelne war aus verschiedenen Materialien gewebt. Unterschiedliche Farben hatten verschiedene Bedeutungen.

Der unterste dieser vier Teppiche war kunstvoll gewebt. Schöne Muster in den Farben Rot, Blau und Weiß. In diesen Farben wurden auch Cherubimfiguren eingewebt. Diese Cherubim sind Engel Gottes. Sie kennen sicher die Cherubim, z.B. aus dem Lied „Großer Gott wir loben dich. . .“; dort wird im zweiten Vers von „Cherubim und Seraphinen“ gesprochen.

Aber bevor ich jetzt auf die einzelnen Besonderheiten der Teppiche eingehe, möchte ich Sie erst einmal in die Geheimnisse der Farben einführen. Jede Farbe bedeutete etwas. In diesem Zusammenhang möchte ich noch einmal kurz die Bedeutungen der Farben wiederholen. Wie war das noch? Die Farbe Blau stand symbolisch für das Königtum, Weiß für die Reinheit und Rot symbolisch für das Opferblut, das vergossen wurde. Diese Farben finden Sie überall innerhalb der Stiftshütte wieder. Auch in dem Teppich des Eingangs in den Vorhof, in die Vorhänge zum Eingang in das Heilige und das Allerheiligste, sind diese Farben integriert.

Der erste Teppich mit den kunstvollen Mustern wurde aus 10 einzelnen Teppichen zusammengesetzt. Jeder dieser 10 Teppiche war 28 Ellen (= 12,88 m) lang und 4 Ellen (= 1,84 m) breit. Diese einzelnen Teppiche wurden zusammengesetzt, indem man zwei Reihen à fünf Teppiche zusammenknüpfte. Dieser große Behang wurde dann über die Stiftshütte gezogen. Die Verknüpfungen werden in der Bibel genau beschrieben. Nach 2. Mose 26 Vers 4 wurden sogenannte Schlaufen benötigt, mit denen die Teppiche miteinander verbunden wurden. Die kunstvollen Muster sollten gleichzeitig einen angemessenen Schmuck für das Innere der Stiftshütte darstellen.

Als zweiter Teppich wurde ein weißer Ziegenhaarteppich verwendet, der direkt über den ersten gelegt wurde. Die weiße Farbe sollte bei diesem Teppich die Reinheit symbolisieren. Dieser Behang bestand aus 11 Teppichen. Jeder einzelne hatte die Größe von 30 Ellen (=13,8 m) Länge und 4 Ellen (= 1,84 m) Breite. Hierbei wurden wieder zwei Reihen zusammengelegt, eine mit fünf und die zweite mit sechs Teppichen. Der sechste Teppich in der zweiten Reihe sollte dazu verwendet werden, um am Eingang einen Teppich doppelt legen zu können. Schaut man sich aber einmal die Maße des ersten Teppichs an und vergleicht sie mit den Maßen des zweiten Teppichs, fällt einem leicht etwas auf. Der zweite Teppich ist größer. Er ist ca. einen Meter, genauer gesagt 0,92 m, länger, und es ist ein Teil mehr vorhanden. Nach kurzer Suche konnte ich die Lösung finden. In Vers 9 in 2. Mose 26 steht die Anweisung, daß der Teppich im Eingangsbereich doppelt liegen soll. Etwas weiter hinten im Vers 13 desselben Kapitels finden Sie die Anweisung, daß der Teppich rechts und links je eine Elle über den anderen Teppich herüberhängen sollte. Da ergibt sich dann auch das etwas größere Maß der Teppiche. Dieser weiße Teppich sollte den kunstvollen Teppich komplett bedecken und schützen. Auch hier wurden wieder Schlaufen verwendet, um die einzelnen Teppiche miteinander zu verbinden. Dieses versetzte Übereinanderlegen der Teppiche hatte noch eine weitere Funktion. Die Schlaufen lagen nicht direkt übereinander. Somit wurden unnötige Erhöhungen und Unebenheiten in dem Zelttuch vermieden. Desweiteren brachte das versetzte Übereinanderlegen etwas Stabilität in die ganze Sache. Denken Sie nur daran, was passiert, wenn Sie mehrere Steine aufeinander stellen. Ab einer gewissen Höhe kippt Ihnen der Stapel um. Setzen Sie die Steine versetzt auf, so wird das Ganze stabiler. Das Gleiche gilt auch hier bei den Teppichen.

Jetzt kommt der dritte Teppich. Dieser war durch und durch rot gefärbt. Wie wir ja schon weiter oben gesehen haben, steht die Farbe Rot für die Farbe des Blutes, genauer gesagt für das Opferblut, das am Brandopferaltar vergossen wurde. Als Material für diesen Teppich wurden Widderfelle verwendet. Über die genaue Größe teilt uns die Bibel nichts mit – schade. So können wir uns das nur ungefähr vorstellen. Dieser Teppich wurde, wie man es von einem Zelt im Urlaub kennt, an beiden Seiten gespannt und mit Seilen befestigt. So bekam die Stiftshütte langsam die Form eines Zeltes. Ich wollte es aber genauer wissen. Also setzte ich mich mit einem Taschenrechner bewaffnet hin und berechnete diesen Teppich. Das Ergebnis war interessant. Dieser Behang hatte eine ungefähre Fläche von 16,6 m x 19,8 m. Ganz schön groß, nicht?

Als oberster Teppich wurden Tachaschhäute verwendet. Was aber bitte sind Tachaschhäute? Auch hier mußte ich erst einmal auf die Suche gehen. Sie werden diese Tiere wahrscheinlich nicht kennen, mir erging es ebenso. Als Ergebnis erhielt ich die interessante Antwort, daß dieses Wort heute nicht mehr verwendet wird. Es gibt zwei Wortentwicklungen des Begriffes. Die eine ist eine Weiterentwicklung in der arabischen Sprache. Dort hat das Wort die Bedeutung von Delphinhaut. Die andere Entwicklung ist im Bereich des Hebräischen und

Griechischem zu finden und hat dort die Bedeutung von Dachshaut. Eine genaue Deutung des Wortes Tachasch gibt es heute leider nicht mehr. In verschiedenen Übersetzungen und Sprachen werden beide Begriffe verwendet. So wird z.B. im Französischen von Delphinhäuten gesprochen. Martin Luther hat in der deutschen Übersetzung der Bibel den Begriff Dachshaut benutzt. Ich persönlich kann eher den Begriff Dachshaut verstehen. – Aber wer weiß? Dieser Teppich wurde als oberster über die drei anderen gelegt. Er sollte zum einen als praktischer Schutz vor Frost, Tau, Sandstürmen und starker Sonneneinstrahlung dienen; denn darunter waren ja wertvolle Gegenstände untergestellt. Als zweites war dieser Teppich ein optischer Schutz für die Stiftshütte. Stellen Sie sich mal vor, mitten in der Wüste würden Sie den dritten roten Teppich sehen. Der wäre doch kilometerweit zu sehen. Durch die unauffällige Maserung der Dachsfelle konnte damit auch ein optischer Schutz gefunden werden. Somit hatte der oberste Teppich mehrere Funktionen. Übrigens hat ein schlauer Mensch ermittelt, daß für diesen obersten Teppich ca. 1.200 Tierfelle verwendet wurden. Auch bei diesem Teppich bin ich auf die ungefähre Fläche von 16,6 m x 19,8 m gekommen.

Symbolik und Zusammenhang mit dem Neuen Testament

Bei den Erläuterungen zum praktischen Teil der Teppiche fing ich von unten an. Bei der Symbolik möchte ich von oben beginnen.

Der oberste Teppich war ein praktischer Teppich mit ganz einfachen Aufgaben und Zwecken. Er sollte die Stiftshütte vor Natureinflüssen, Regen, Tau, etc., schützen. Zudem war er eine Art optischer Schutz für die Stiftshütte. Wie werden wir von anderen gesehen? Zeigen nicht auch wir eine praktische äußere Hülle in der Öffentlichkeit? Mit „Öffentlichkeit" bezeichne ich in diesem Zusammenhang auch die Familie, die Kollegen, Freunde und die eigene Kirchengemeinde. Geben Sie sich wirklich überall offen und so wie Sie sind? Ich möchte klar behaupten, nein! Denn ehrlich gesagt, ich tue es selbst auch nicht. Sie sehen also, die äußere Hülle, der oberste Teppich, hat große Ähnlichkeiten mit uns selbst. Beide verbergen etwas.

Der zweite Teppich von oben, die rotgefärbten Widderfelle, stellen die nächste Schicht dar. Die rote Farbe ist stellvertretend für das Opferblut, das im Zusammenhang der Sündenvergebung eine wichtige Rolle spielt. Auch bei uns tritt direkt nach der äußeren Hülle unsere Sünde zu Tage. Öffnen wir uns ein wenig, so erscheinen unsere großen oder kleinen Sünden. Wie ich schon beim Brandopferaltar und beim Waschbecken erläuterte, müssen diese Sünden erst einmal bereinigt werden, bevor man weitergehen kann. Wie schaut das bei uns heute aus?

Der dritte Teppich aus weißem Ziegenhaar stellt die Folge dar, wenn man seine Sünden bereinigt hat. Denn wie ich Ihnen bereits aufzeigte, hat jede Farbe ihre eigene Bedeutung, und weiß steht für die Reinheit. Hat man seine Sünden bereinigt, wird aus dem roten Teppich symbolisch der weiße Ziegenhaarteppich.

Nachdem man nun seine eigene äußere Hülle geöffnet hat, sich seiner Sünden bewußt wurde und diese auch bekannt und vor allen Dingen bereinigt hat, ist man am Ziel angelangt, am Zierteppich der Stiftshütte. Die schönen Muster und Farben zeigen unser Ziel auf: wir sind bei Gott angelangt.

Sie sehen auch hier wieder, die einzelnen Bauteile der Stiftshütte können ganz praktisch und vor allen Dingen persönlich werden. Der richtige Blickwinkel ist gerade hier entscheidend.

13. Heiligtum

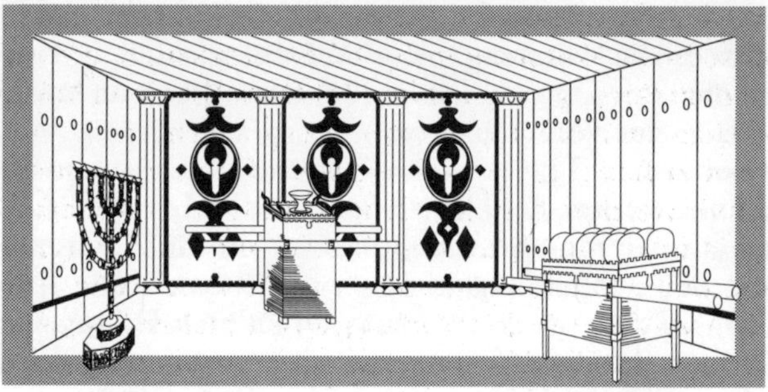

2. Mose 26: (15) Du sollst auch Bretter machen für die Wohnung, aus Akazienholz, zum Aufstellen; (16) zehn Ellen lang soll ein Brett sein und anderthalb Ellen breit. (17) Zwei Zapfen soll ein Brett haben, daß eins an das andere gesetzt werden könne. So sollst du alle Bretter der Wohnung machen. (18) Zwanzig von ihnen sollen nach Süden stehen. (19) Die sollen vierzig silberne Füße unten haben, je zwei Füße unter jedem Brett für seine zwei Zapfen. (20) Ebenso sollen auf der anderen Seite, nach Norden, auch zwanzig Bretter stehen (21) mit vierzig silbernen Füßen, je zwei Füße unter jedem Brett. (22) Und für die Rückseite der Wohnung nach Westen sollst du sechs Bretter machen; (23) dazu zwei Bretter für die zwei Ecken an der Rückseite der Wohnung, (24) daß beide mit ihren Eckbrettern unten und oben verbunden sind und so die Ecken bilden. (25) Acht Bretter sollen es sein mit ihren silbernen Füßen; sechzehn Füße sollen es sein, je zwei unter einem Brett. (26) Und du sollst Riegel machen aus Akazienholz, fünf zu den Brettern auf der Langseite der Wohnung (27) und fünf zu den Brettern auf der anderen Langseite der Wohnung und fünf zu den Brettern auf der Rückseite der Wohnung nach Westen, (28) und sollst einen Mittelriegel in halber Höhe an den Brettern ent-

langlaufen lassen von einem Ende zu dem andern. (29) Und du sollst die Bretter mit Gold überziehen und ihre Ringe aus Gold machen, in die man die Riegel hineintut. (30) Und die Riegel sollst du mit Gold überziehen. So sollst du die Wohnung in der Weise aufrichten, wie du sie auf dem Berge gesehen hast. (31) Du sollst einen Vorhang machen aus blauem und rotem Purpur, Scharlach und gezwirnter feiner Leinwand und sollst Cherubim einweben in kunstreicher Arbeit (32) und sollst ihn aufhängen an vier Säulen von Akazienholz, die mit Gold überzogen sind und goldene Nägel und vier silberne Füße haben. (33) Und du sollst den Vorhang an die Haken hängen und die Lade mit dem Gesetz hinter den Vorhang setzen, daß er euch eine Scheidewand sei zwischen dem Heiligen und dem Allerheiligsten. (34) Und du sollst den Gnadenthron auf die Lade mit dem Gesetz tun, die im Allerheiligsten steht. (35) Den Tisch aber setze außen vor den Vorhang und den Leuchter dem Tisch gegenüber an die Südseite in der Wohnung, daß der Tisch nach Norden zu steht. (36) Und du sollst eine Decke machen für den Eingang des Zeltes aus blauem und rotem Purpur, Scharlach und gezwirnter feiner Leinwand in Buntwirkerarbeit (37) und für die Decke fünf Säulen aus Akazienholz, mit Gold überzogen, mit goldenen Nägeln, und sollst für sie fünf Füße aus Kupfer gießen.

2. Mose 35: (35) Er hat ihr Herz mit Weisheit erfüllt, zu machen alle Arbeiten des Goldschmieds und des Kunstwirkers und des Buntwirkers mit blauem und rotem Purpur, Scharlach und feiner Leinwand und des Webers, **daß sie jedes Werk ausführen und kunstreiche Entwürfe ersinnen können.**

Praktisch gesehen

Nachdem wir nun das Dach der Stiftshütte erarbeitet haben, werden wir jetzt einmal in das Innere gehen. Zuerst sollte man aber, um den ganzen Zusammenhang besser zu erkennen, das Äußere betrachtet und verstanden haben. Aus diesem Grund möchte ich Ihnen zuerst den Aufbau der Stiftshütte vorstellen.

Die gesamte Stiftshütte besteht aus einem Gerüst von 48 Brettern. Jedes dieser Bretter ist nach biblischen Angaben 0,69 m breit und 4,6 m hoch. Von der Dicke der einzelnen Bretter wird nichts gesagt.

Es gibt eine jüdische Überlieferung, in der angegeben wird, daß diese Bretter eine Elle dick seien. Ich vertrete nicht diese Aussage. Als Begründung möchte ich gerne wieder Conrad Schick zitieren. Nach seinen Untersuchungen würde es bei einer Dicke von einer Elle, d.h. 0,46 m, kein Brett mehr sein, sondern ein Balken. Aber wir haben ja in der Zwischenzeit kennengelernt, wie genau die Bibel mit Ihren Beschreibungen ist. So ist bei der Arche von Balken die Rede, hier wird aber von Brettern gesprochen. Somit wäre diese Berechnung nicht vertretbar. Zudem hätte jedes Brett ein Gewicht von ca. 1.800 kg, welches auch in keiner Weise denkbar ist. Wie sollten diese Bretter mit menschlicher Kraft transportiert werden? Nach Überlegungen von Conrad Schick müßte ein Brett ein halbe Elle, d. h. 0,23 m, dick gewesen sein. Für diese Behauptung gibt es einige unterstützende Fakten. Zum ersten sieht das Ganze dann auch wie ein Brett aus.

Zweitens würde als Außenmaß gelten: 0,5 Ellen dick, 1,5 Ellen breit, d.h. es wäre ein Verhältnis von 1:3 (Dicke : Breite). Da die Stiftshütte 10 Ellen (= 4,6 m) breit und 30 Ellen (= 13,8 m) lang ist, wäre auch hier das Verhältnis 1:3 gegeben. Wie wir in der letzten Zeit gemerkt haben, gibt es in der Stiftshütte keine Zufälle. Ganz im Gegenteil, viele Dinge bauen aufeinander auf. Aufgrund der plausiblen Erklärungen von Conrad Schick habe ich seine Angaben und Theorien übernommen. Als letztes spricht noch ein wichtiges Argument für seine Theorie. Ein Brett hat nach diesen Berechnungen ein Gewicht von 584 kg (4,6 m Höhe x 0,69 m Breite x 0,23 m Dicke x 0,8 g/cm^3 = 584,0 kg). Denn man muß sich vorstellen, daß es massives Akazienholz ist. Außen herum wurde jedes Brett vergoldet. Stellt man sich nun ein Brett von 4,6 m Länge vor, so kann man sich ausrechnen, daß ca. 10 Personen daran getragen haben. (Jeweils fünf Personen auf jeder Seite. Fünf deshalb, da dann jeder Träger eine ungefähre Schrittweite von ca. 0,9 m hätte.) Umgerechnet wäre dies ein Gewicht von ca. 58,4 kg pro Person. Auch dieser Wert ist realistisch. Denn man darf ja nicht die Landschaft vergessen. Das Volk Israel war ja mitten in der Wüste. Ein Fortbewegen bzw. auch das Tragen eines schweren Gegenstandes ist im Sand sehr beschwerlich. So ist ein höheres Gewicht der Bretter nicht nur unrealistisch, sondern könnte auch nur schwer mit menschlicher Kraft transportiert werden.

Diese 48 Bretter wurden ja alle bearbeitet, geglättet und anschließend vergoldet. Ich wollte wissen, wieviel Gold dazu benötigt wurde. Also mußte ich wieder meinen Taschenrechner zu Hilfe nehmen. Wenn die Bretter 4,6 m hoch, 0,69 m breit und 0,23 m dick sind, ergibt sich folgende Fläche:

4,6 m x 0,69 m x 2 Seiten = 6,348 m^2
4,6 m x 0,23 m x 2 Seiten = 2,116 m^2
= 8,464 m^2 je Brett

Bei 48 Brettern ergibt sich daher eine Fläche von (8,464 m^2 / Brett x 48 Bretter=) 406,27 m^2. Mit diesem Wert war ich dann bei einem Restaurator. Leider konnte mir dieser aber nicht weiterhelfen. Denn die verwendete Goldmenge ist abhängig vom Untergrund, der Verwendung des Blattgoldes und der Dicke der Goldschicht. Somit ist eine genaue Angabe in Kilogramm leider nicht möglich. Begnügen wir uns mit der Tatsache, daß über 406 m^2 Blattgold verwendet wurden.

Stellt man nun diese Bretter auf den Boden in den Sand, so fallen sie um. Besonders auf Sandboden sind sie noch instabiler. Die aufgestellten Bretter wurden mit Holzstangen verbunden. Zum einen wurden vier Stangen außen befestigt. Jedes Brett hatte goldene Ringe, durch die diese Stangen hindurchgeschoben wurden. Eine weitere Stange wurde in die Mitte der Bretter geschoben. Somit konnte die Stabilität der Wand verbessert werden. Diese Stangen waren auch aus Akazienholz und vergoldet.

Aber das war noch nicht gut genug. Unten an den Brettern waren Sockel angebracht. Diese waren aus massivem Silber und hatten ein Gewicht von 36 kg je Sockel. Die Bretter wurden in diese Sockel hineingestellt und hatten dadurch einen stabilen Stand.

Insgesamt wurden rechts und links der Stiftshütte je 20 Bretter und am Kopfende 8 Bretter verwendet. Das ergibt also insgesamt 48 Bretter. Als Trennung vom Heiligtum zum Allerheiligsten wurden vier Säulen aufgestellt und ein Teppich daran befestigt. Vom Heiligtum nach außen hin wurde an 5 Säulen ein Vorhang aufgehängt. Auch diese Säulen waren massives Akazienholz, welches dann vergoldet wurde. Beide Vorhänge wurden aus den bekannten Farben rot, blau und weiß gewebt. Der Vorhang zum Allerheiligsten wurde noch durch Cherubimfiguren besonders gestaltet.

An dieser Stelle möchte ich noch einen kleinen Hinweis loswerden. Einige Autoren verschiedener Bücher haben sich Gedanken zu den Mustern der einzelnen Vorhänge und Teppiche gemacht, wie schon weiter oben erwähnt. Nach der Durchsicht der Bibeltexte fand ich nur eine Stelle, in der ein Hinweis enthalten ist. In den Trennvorhang zum Allerheiligsten waren die Figuren der Cherubim eingewebt; ansonsten konnte ich keine weiteren Angaben finden. – Wieso? Auch hier half mir ein Bibeltext weiter. In 2. Mose Kapitel 35 Vers 35b steht die Antwort. Die Kunsthandwerker erhielten von Gott die Fähigkeit, „kunstreiche Entwürfe ersinnen zu können“. Und die Handwerker taten ihre Arbeit gut. Da man heute aber keine Aufzeichnungen über deren Arbeit mehr hat, ist es also auch müßig, sich über die etwaigen Bedeutungen weiter auszulassen oder gar irgendwelche Bedeutungen hinein zu interpretieren.

Der Raum des Allerheiligsten maß genau ein Drittel der Gesamtfläche der Stiftshütte, das Heiligtum daher logischerweise noch zwei Drittel. Damit das Ganze nicht nur trocken beschrieben ist, hier die Zahlen: Das Allerheiligste war 10 Ellen breit, 10 Ellen tief und 10 Ellen hoch, d.h. es war ein Würfel mit einer Kantenlänge von 4,6 m. Übrigens, nebenbei bemerkt: Der Würfel ist in der Mathematik ein Körper mit einer vollendeten Form, da jede Seite gleich lang ist. Und in diesem vollendeten Raum war die Bundeslade mit dem Gnadenthron Gottes aufgestellt. Die Zahl Zehn hatte in der Symbolik des Alten Testamentes die Bedeutung der Vollkommenheit.

Im Heiligtum selbst waren nur wenige Gegenstände. Wenn man hineinkam, waren rechts an der Seite der Schaubrottisch, links an der Wand der siebenarmige Leuchter und weiter hinten, direkt vor dem Teppich zum Allerheiligsten, der Räucheraltar aufgestellt. Was diese im einzelnen für Bedeutungen hatten und wie sie gebaut wurden, folgt in den nächsten Kapiteln. Des weiteren waren nur noch kleinere Gefäße im Heiligtum. In diesen wurden das Olivenöl für den Leuchter, das täglich aufgefüllt werden mußte, und das Räucherwerk für den Räucheraltar aufbewahrt. Auch Wasser und Weihrauch für die Schaubrote wurden in solchen goldenen Gefäßen aufgehoben. Die Asche des Räucheraltars und die verglommenen Dochte des Leuchters wurden in solchen Gefäßen gesammelt und dann aus dem Heiligtum getragen.

Der schräge Raum außerhalb der Stiftshütte, unter der Bespannung des dritten und vierten Teppichs, wurde von den Priestern als Lagerraum verwendet.

Symbolik und Zusammenhang mit dem Neuen Testament

Über das Akazienholz erzählte ich Ihnen ja schon etwas am Anfang dieses Buches. Wie war das noch, wurden die einzelnen Baumstämme gefragt, ob sie gefällt werden wollten, und wozu sie verwendet werden sollten?

An dieser Stelle möchte ich Ihnen aus der Sicht des Neuen Testamentes ein paar Gedanken zur Gemeinschaft und zur christlichen Gemeinde verdeutlichen. Für den Bau der Stiftshütte wurden 48 Bretter verwendet. Stellte man nun ein Brett lose in den Sand, würde es nur eines tun, nämlich umfallen. Damit dies nicht geschah, wurden die Bretter mit Querstangen miteinander verbunden, so daß das Ganze eine gewisse Stabilität bekam. Diese Stangen wurden nicht nur außen befestigt, sondern eine Stange wurde auch durch die Bretter gesteckt. Damit jedes Brett einen stabilen Halt bekam, wurde es zusätzlich in zwei Sockel aus Silber gestellt. Das Edelmetall Silber hatte im Alten Testament die Symbolik für die Erlösung.

Wie sieht das heute bei uns aus? Können wir uns mit einem Brett der Stiftshütte vergleichen? Ich meine schon. Denn Gott hat uns ausgesucht, ein Teil dieser Stiftshütte, ein Brett, zu sein. So werden wir auch noch weiter bearbeitet und vorbereitet.

Zuletzt wurden die Bretter noch verfeinert, sprich vergoldet. Auch hier sehen wir eines: Kein Material war Gott zu schade, er tut alles für seine Gemeinde.

Die einzelnen Bretter, nämlich wir, werden dann auch nicht einfach so alleine gelassen und in die Gegend gestellt. Wir sind nicht allein; es gibt um uns herum andere Bretter, die mit uns sind. Diese Bretter sind dann auch noch miteinander verbunden. So hat jedes einzelne Brett Halt. Beginnt ein Brett zu wanken, wird es von den Nachbarbrettern gehalten und gestützt. Allerdings hat die Sache auch einen Haken. Ein Brett kann nicht sagen: „Heute habe ich keine Lust, ich bleibe zu Hause." Damit würde das ganze Gebäude ins Wanken geraten. Im 1. Brief an die Korinther, Kapitel 12, Vers 26–27 schreibt der Apostel Paulus an die Gemeinde in Korinth: „Ihr aber seid der Leib Christi und jeder von euch ein Glied. Und wenn ein Glied leidet, so leiden alle Glieder mit, und wenn ein Glied geehrt wird, so freuen sich alle Glieder mit."

Selbst dieser ganze Verbund von Brettern wurde nicht so einfach in die Gegend gestellt. Jedes Brett erhielt zwei Sockel aus Silber. Das heißt: Jeder von uns, der sich in der Gemeinschaft mit anderen Christen befindet, wird nach der Erlösung durch Jesus Christus mit einer guten Grundlage in die Welt gestellt. Und nur durch die Gemeinschaft und durch den Sockel der Erlösung können wir als Brett standhaft bleiben und unsere Aufgaben erfüllen.

Und wie schaut das bei uns persönlich, in der Gemeinde und im Bekanntenkreis aus?

14. Schaubrottisch

„Tisch des Brotes meines ewigen Angesichtes"

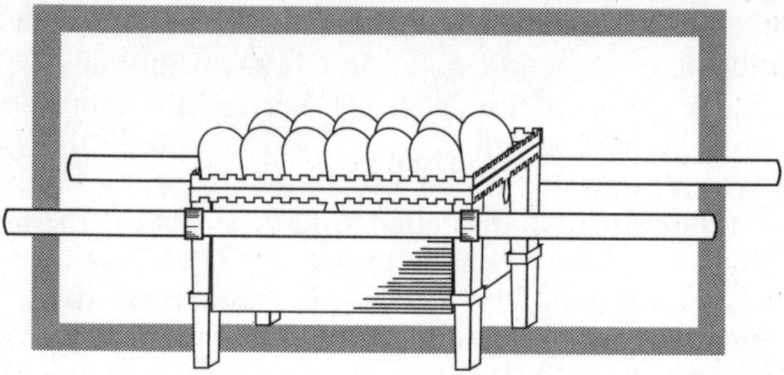

2. Mose 25: (23) Du sollst auch einen Tisch machen aus Akazienholz; zwei Ellen soll seine Länge sein, eine Elle seine Breite und anderthalb Ellen seine Höhe. (24) Und du sollst ihn überziehen mit feinem Gold und einen goldenen Kranz ringsherum machen (25) und eine Leiste ringsherum eine Handbreit hoch und einen goldenen Kranz an der Leiste ringsherum; (26) und du sollst vier goldene Ringe machen an die vier Ecken an seinen vier Füßen. (27) Dicht unter der Leiste sollen die Ringe sein, so daß man Stangen hineintun und den Tisch tragen könne. (28) Und du sollst die Stangen aus Akazienholz machen und sie mit Gold überziehen, daß der Tisch damit getragen werde. (29) Du sollst auch aus feinem Golde seine Schüsseln und Schalen machen, seine Kannen und Becher, in denen man das Trankopfer darbringe. (30) Und du sollst auf den Tisch allezeit Schaubrote legen vor mein Angesicht.

3. Mose 24: (5) Und du sollst feinstes Mehl nehmen und davon zwölf Brote backen – zwei Zehntel soll ein Brot haben – (6) und sollst sie legen in zwei Reihen, je sechs in einer Reihe, auf den Tisch von feinem Gold vor dem Herrn. (7) Und sollst auf sie legen reinen Weihrauch, daß er als Gedenkopfer bei den Broten sei, ein Feueropfer für den Herrn. (8) An jedem Sabbat soll er sie zurichten vor dem Herrn als beständige Gabe der Kinder Israel, eine Ordnung für immer, (9) und sie sollen Aaron und seinen Söhnen gehören; denn als ein Hochheiliges von den Opfern des Herrn gehören sie Aaron als ewiges Recht.

Praktisch gesehen

Der Schaubrottisch war 0,92 m lang, 0,46 m breit und 0,69 m hoch, hatte vier Füße und war aus Akazienholz gebaut. Sein Gewicht genau zu bestimmen ist sehr schwer. Es ist nicht aus dem Text zu entnehmen, ob der Tisch seitlich offen oder geschlossen war. Einzig und allein die Außenmaße werden genannt. Der gesamte Tisch wurde dann abschließend vergoldet. Oben an der Tischplatte war eine Kante aus Akazienholz angebracht. Diese sollte ein Abrutschen der Schaubrote verhindern.

Was waren eigentlich die Schaubrote? Diese wurden symbolisch als Essen für die Stämme Israels auf diesen Tisch zur Schau gelegt. Jedem Stamm galt ein Brot, das ergibt zusammen 12 Brote. Die Priester hatten die Aufgabe, jeweils zum Beginn des „Schabbat", d.h. am Freitagabend, die Brote herauszunehmen und durch zwölf neue Brote zu ersetzen. Die Brote, die sie entnahmen, durften von ihnen aufgegessen werden. Nun stellt sich natürlich dem Leser eine weitere Frage. Wenn die Brote ein gesamte Woche im Heiligtum lagen, und das bei einer Außentemperatur von etwa 40 Grad Celsius im Schatten, dann mußten sie doch steinhart gewesen sein? Die armen Priester und deren Zähne . . . Nun, keine Angst, ich kann Sie beruhigen. Wenn man sich unser Brot vorstellt, und läßt dieses eine Woche an der Luft liegen, hat man einen schönen Backstein, garantiert knochenhart. Man darf sich die Brote aber nicht so vorstellen, wie sie bei uns in Deutschland verkauft und gegessen werden. Es waren keine Mischbrote mit Sesamkörnern oder so ähnlich. Die Brote im Orient sind Fladenbrote. Aufgrund der Vorgaben durfte für dieses Brot nur ein Mehl-Wasser-Gemisch verwendet werden. Man kann sich das ungefähr wie unser heutiges Knäckebrot vorstellen. Hefe bzw. Sauerteig durfte ihm nicht zugesetzt werden. Zwar war dies bei den normalen Broten üblich, aber bei den Schaubroten verboten. Als Hilfe ein kleiner Vergleich: Unser heutiges Knäckebrot, was Sie bestimmt alle kennen, enthält auch keine Hefe. Sie müssen also das Brot der Stiftshütte mit unserem heutigen Knäckebrot vergleichen. Lassen Sie Knäckebrot eine Woche offen im Raum liegen, so können Sie es immer noch problemlos essen. Es wird nicht härter, höchstens weicher. So ähnlich war dies auch bei den Schaubroten.

Selbst das Rezept ist in der Bibel zu finden, in 3. Mose 24, 5 finden Sie die Angaben. Damit Sie es besser nachvollziehen können, stehen die deutschen Maße wie immer nachstehend dahinter: 2/10 Scheffel Mehl und Wasser. Um das umrechnen zu können, muß man wissen, daß 1/10 Scheffel ca. 3,9 Liter sind, d.h. 2/10 Scheffel sind 7,8 l Mehl. Da ich es wieder genauer wissen wollte, wog ich einfach Mehl bei mir zu Hause in der Küche. So fand ich heraus, daß 1l Mehl ca. 0,580 kg wiegt. Das Gesamtgewicht eines Brotes lag somit bei ca. 4,5 kg.

Die Brote wurden dann auf den Tisch gelegt. Hier ergibt sich meines Erachtens gleich ein weiterer Fehler bei vielen Modellen. In den meisten Darstellungen werden auf dem Schaubrottisch zwei Stapel à sechs Brote gezeigt. Dies widerspricht meiner Meinung nach den biblischen Angaben. In 3. Mose 24, Vers 6 heißt es klar, daß die Brote „in zwei Reihen“ liegen müssen, nicht übereinander. Nun war mir aber die Aussage einer einzigen Bibelstelle zu dieser Thematik zu wenig. Ich zog deswegen den Rat des Theologen hinzu, der vor allen Dingen auch die Bibel in der Ursprache, dem Althebräisch, lesen kann. Dieser ging auf die Suche und fand heraus, daß der Begriff hierfür bedeutet, daß etwas „nebeneinander, in einer Reihe, wie im Heer“ steht. Da die Soldaten in einem Heer ja nun auch nicht direkt „übereinander“ stehen, kann hier also nur von dem Begriff „nebeneinander" ausgegangen werden (Arak [hebräisch] = auflegen, in eine Reihe legen / Ma Arokat [hebräisch] = Plural, Ma Aroka [hebräisch] = [Singular] Ordnung, Anordnung, Reihe, Heer, Schlachtordnung] [2. Mose 40, 23]). Somit klärt sich auch das Vorhandensein der Kante um den Tisch. Wurde der Tisch getragen bzw. die Brote auf den Tisch gelegt, bestand ja immer die Gefahr, daß die Brote herunterfielen; die Kante verhinderte dies. Wären die Brote übereinander gestapelt worden, wäre zum einen die Kante unnütz, und zum anderen würde sich der Transport der Stapel als schwer erweisen. Denn würde der Tisch bewegt, so würde der Turm mit den Broten umkippen bzw. verrutschen. Und haben Sie in der Zwischenzeit mitbekommen, daß in der Bibel etwas „Unnützes" steht? Ich nicht!

Wie schon an einigen Stellen aufgezeigt, kann es zudem aus symbolischer Sicht im Verständnis des Alten Testamentes nicht sein, daß die Brote übereinander lagen. Jedes Brot stand symbolisch für einen Stamm des Volkes Israel. Hätte nun ein Brot über dem anderen gelegen, so würde dies bedeuten, daß der eine Stamm über dem anderen stand. Und das widersprach dem Willen Gottes, so wie in dem Bibeltext beschrieben ist. Außer den Leviten wurden alle Stämme gleichermaßen eingesetzt und behandelt. Sie sehen also, die Brote mußten nebeneinander gelegen haben (3. Mose 24,6).

Nun habe ich Ihnen so viel über den Schaubrottisch erzählt; dabei gibt es wieder eine Besonderheit von Martin Luther zu berichten. Im Originaltext der Bibel gibt es den Begriff Schaubrot und Schaubrottisch überhaupt nicht. Luther verwendete sie zum besseren Verständnis. Was aber steht denn nun in der Bibel? In 2. Mose 25, 30 wird von einem „Brot des Angesichtes" (hebr. Lähäm Ponim) gesprochen. Dieses Brot steht symbolisch für die Gegenwart des stetigen Angesichtes Gottes unter den Menschen, d.h. daß Gott immer bei seinem Volk zugegen war. In den späteren Verwendungen wird dann nur noch vom „Brot der Reihe“ (hebr. Lähäm Hama Aräkat) geredet. Übrigens ist dies ein weiteres Indiz dafür, daß die Brote nicht übereinander, sondern nebeneinander gelegen haben.

Symbolik und Zusammenhang mit dem Neuen Testament

Das Schaubrot war zur Zeit der Stiftshütte ein „Brot des ewigen Angesichtes“. Gott wollte damit symbolisch seine Anwesenheit demonstrieren. Und was ist das Brot heute für uns? Jesus sagt: „Ich bin das Brot des Lebens“. Wer Jesus in sein Leben aufnimmt – wie das Zu-sich-nehmen des Brotes –, der weiß um die Gegenwart Gottes in seinem Leben. Und im Abendmahl wird das Brot symbolisch für den Leib von Jesus Christus verwendet. Er starb für jeden einzelnen von uns.

Sie sehen, Gott zeigte durch eine einfache Symbolik, wie er zu den Menschen damals stand. Er wollte dem Volk Israel aufzeigen, daß er unter ihnen ist. Und genau dasselbe hat er auch uns heute versprochen.

Übrigens, wenn Sie die Gedanken über das Brot noch einmal betrachten, fällt Ihnen da etwas auf? Es wurde nicht ein weiches Brot verwendet, wie wir es heute kennen, sondern ein hartes Brot. Beim Abendmahl haben Sie bestimmt auch schon einmal die Aussage gehört „das Brot brechen“. Können Sie mir mal zeigen, wie Sie unser heutiges Brot brechen und danach noch essen können? Entweder Sie zerreißen oder zerbröseln es und können es dann noch essen, oder Sie brechen das Brot. Dann ist es aber meist so hart, daß man es nicht mehr essen kann. Nimmt man dieses Brot, wie es damals zur Zeit der Stiftshütte verwendet wurde, so kann man auch das Brot brechen und anschließend essen. So wird einem auch der Ausdruck des „Brotbrechens“ verständlicher.

15. Räucheraltar

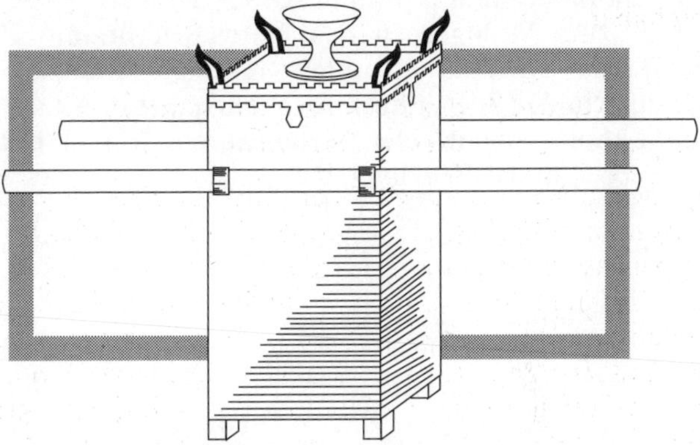

2. Mose 30: (1) Du sollst auch einen Räucheraltar machen aus Akazienholz, (2) eine Elle lang und ebenso breit, viereckig, und zwei Ellen hoch mit seinen Hörnern. (3) Und du sollst ihn mit feinem Golde überziehen, seine Platte und seine Wände ringsherum und seine Hörner. Und sollst einen Kranz von Gold ringsherum machen (4) und zwei goldene Ringe unter dem Kranz zu beiden Seiten, daß man Stangen hineintue und ihn damit trage. (5) Die Stangen sollst du auch aus Akazienholz machen und mit Gold überziehen. (6) Und du sollst ihn setzen vor den Vorhang, der vor der Lade mit dem Gesetz hängt, und vor den Gnadenthron, der auf der Lade mit dem Gesetz ist, wo ich dir begegnen werde. (7) Und Aaron soll darauf verbrennen gutes Räucherwerk jeden Morgen, wenn er die Lampen zurichtet. (8) Desgleichen, wenn er die Lampen anzündet gegen Abend, soll er solches Räucherwerk auch verbrennen. (9) Ihr sollt kein fremdes Räucherwerk darauf tun, auch kein Brandopfer, Speisopfer oder Trankopfer darauf opfern.

Praktisch gesehen

Der Räucheraltar stand direkt vor dem Trennvorhang zum Allerheiligsten. Auf ihm wurden Kräuter und Gewürze „zum Wohlgeruch des Herrn“ verbrannt. Zunächst aber ein paar Informationen zum Altar selbst. Wie alles in der Stiftshütte wurde auch dieser Altar aus Akazienholz gebaut. Die Maße waren: 0,96 m hoch, 0,46 m breit und 0,46 m lang. Der gesamte Altar war, wie die anderen Geräte des Heiligtums, vergoldet. Rechts und links waren jeweils an den Ecken goldene Ringe angebracht. Durch diese wurden zwei vergoldete Stangen aus Akazienholz hindurchgesteckt. So konnte der Räucheraltar getragen werden. Auch dieser hatte an der Oberkante eine kunstvoll verzierte Kante. Speziell für den Räucheraltar wurde das sogenannte Räucherwerk zusammengestellt. Dieses wird aber erst im nachfolgenden Kapitel genauer vorgestellt. Die Zutaten zu diesen Mischungen waren sehr wertvoll für die damaligen Verhältnisse.

Symbolik und Zusammenhang mit dem Neuen Testament

Der Räucheraltar stellte einen festen Platz dar, an dem man Gott begegnen konnte. Heute ist die Begegnung mit Gott nicht mehr an einen bestimmten Ort gebunden. Überall können Sie mit Gott Kontakt aufnehmen, wenn Jesus Christus Ihr Erlöser geworden ist.

Auf dem Räucheraltar wurde das Räucherwerk „zum Wohlgeruch des Herrn“ verbrannt. Was tun wir denn heute „zum Wohle des Herrn“? Wenn wir den Kontakt zu Gott suchen, so haben wir doch meistens Bitten an ihn. Wie sieht es beispielsweise mit dem Danken aus . . .?

16. Salböl und Räucherwerk

2. Mose 30: (22) Und der Herr redete mit Mose und sprach: **(23) Nimm dir die beste Spezerei: die edelste Myrrhe, fünfhundert Lot, und Zimt, die Hälfte davon, zweihundertundfünfzig, und Kalmus, auch zweihundertundfünfzig Lot, (24) und Kassia, fünfhundert nach dem Gewicht des Heiligtums, und eine Kanne Olivenöl. (25) Und mache daraus ein heiliges Salböl nach der Kunst des Salbenbereiters.** (26) Und du sollst damit salben die Stiftshütte und die Lade mit dem Gesetz, (27) den Tisch mit all seinem Gerät, den Leuchter mit seinem Gerät, den Räucheraltar, (28) den Brandopferaltar mit all seinem Gerät und das Becken mit seinem Gestell. (29) So sollst du sie weihen, daß sie hochheilig seien. Wer sie anrührt, der ist dem Heiligtum verfallen. (30) Aaron und seine Söhne sollst du auch salben und sie mir zu Priestern weihen. (31) Und du sollst mit den Israeliten reden und sprechen: Eine heilige Salbe soll mir dies Öl bei euren Nachkommen sein. **(32) Auf keines anderen Menschen Leib soll es gegossen werden; du sollst es auch sonst in der gleichen Mischung nicht herstellen, denn es ist heilig; darum soll es euch als heilig gelten. (33) Wer solche Salbe macht oder einem Unberufenen davon gibt, der soll aus**

seinem Volk ausgerottet werden. (34) Und der Herr sprach zu Mose: **Nimm dir Spezerei: Balsam, Stakte, Galbanum und reinen Weihrauch, vom einen soviel wie vom anderen, (35) und mache Räucherwerk daraus, gemengt nach der Kunst des Salbenbereiters, gesalzen, rein, zum heiligen Gebrauch. (36) Und du sollst es zu Pulver stoßen** und sollst etwas davon vor die Lade mit dem Gesetz in der Stiftshütte bringen, wo ich dir begegnen werde. Es soll euch ein Hochheiliges sein. **(37) Aber solches Räucherwerk sollt ihr für euch nicht machen, sondern es soll dir als dem Herrn geheiligt gelten. (38) Wer es macht, damit er sich an dem Geruch erfreue, der soll ausgerottet werden aus seinem Volk.**

Praktisch gesehen

Das Salböl war eine Besonderheit der damaligen Zeit. Dieses Öl wurde aus bestimmten wertvollen Zutaten hergestellt und durfte nur zu besonderen Anlässen und Handlungen verwendet werden, so z.B. zur Weihe neuer Priester und zur Weihe der Gegenstände des Heiligtums der Stiftshütte. Die Priester gaben sehr darauf acht, daß keine falschen Handlungen oder Anwendungen dies Salböl entehrten.

Nach einigem Suchen fand ich auch in 2. Mose 30, 22 ff das Rezept und die Zutaten des Salböls. Im einzelnen sind es:

500 Lot Myrrhe	=	6000,0 g	=	6,0 kg
250 Lot Zimt	=	3000,0 g	=	3,0 kg
250 Lot Kalmus	=	3000,0 g	=	3,0 kg
500 Lot Kassia	=	6000,0 g	=	6,0 kg
1 Kanne Olivenöl	=	? g	=	6,6 l
gesamt				ca. 24,6 kg

Bei dieser Aufstellung berechnete ich ein Lot mit 12 g und eine Kanne mit 6,6 l. So ergab sich ein Gesamtgewicht von ca. 24,6 kg für die Herstellung des Salböls.

Myrrhe und Zimt sind ja auch heute noch bei uns bekannt. Beim Kalmus und Kassia kam ich allerdings ins Schleudern. Kalmus ist eine Sumpfstaude. Preßt man deren Blätter, dann erhält man ein ätherisches Öl, das sogenannte Kalmusöl. Kassia ist noch ungebräuchlicher, denn sie ist eine tropische Hülsenfrucht. Sie ist mit unseren heutigen Sennisblättern vergleichbar.

Eine Sache darf dabei nicht vergessen werden. Ich möchte besonders darauf hinweisen: In 2. Mose 30, 31–33 wird davor gewarnt, dieses Öl in der gleichen Zusammensetzung nachzumachen, denn es ist heilig. Zunächst kann man die genaue Mischung gar nicht mehr herstellen, da das Maß für ein Lot zwischen 11,2 g und 12,2 g und für eine Kanne bei ca. 6,6 l liegt. Das genaue Mischungsverhältnis zu treffen ist sehr unwahrscheinlich. Man sollte meiner Meinung nach aber auf jeden Fall diese Anweisung beachten und das Öl nicht nachzumachen versuchen. Jegliches ähnliches Nachahmen in anderen Mischungsverhältnissen sollte, falls überhaupt, nur dazu dienen, einen Eindruck zu bekommen, wie das Öl damals roch. Jegliche Verwendung als Duftöl oder ähnliches stellt eine klare Mißachtung der Anweisungen Gottes dar!

Beim Räucherwerk der Stiftshütte gelten dieselben Regeln wie beim Salböl. Auch hier ist jegliche Nachahmung im selben Mischverhältnis verboten. Dies ist auch gar nicht möglich. In 2. Mose 30, 34 f wird das Räucherwerk beschrieben:

Balsam (Mischung aus Harzöl)
Stakte (Räucherklaue)
Galbanum (getrocknetes Harz d. Dolde Ferula)
reiner Weihrauch
Salz

Jegliche Gewichtsangabe fehlt. Somit kann das genaue Verhältnis der Zutaten nicht festgestellt werden. Es wird nur beschrieben, daß die einzelnen Zutaten in gleicher Menge verwendet werden und alle zerkleinert und mit etwas Salz vermengt werden sollen – mehr nicht. Übrigens ist Balsam ein bestimmtes Harzöl, das es in dieser Form heute nicht mehr gibt. Das Galbanum ist ein getrocknetes Harz des Doldengewächses Ferula. Alleine genommen verbreitet das Galbanum einen sehr scharfen Geruch. Mischt man es mit anderen Gewürzen, wird der Geruch angenehm.

Da ich nichts zum Stakte fand, fragte ich Fachleute und Theologen, ob es nicht andere Namen hierzu gäbe. Im Urtext heißt das Stakte „Schächelät". Luther übersetzte es mit Stakte. Nimmt man den ursprünglichen Begriff, so bedeutet er im Deutschen auch „Räucherklaue". Eine weitere Übersetzung besagt, daß Stakte „die Deckel mehrerer Muschelarten, die, wenn sie verbrannt werden, einen dem Bibergeil ähnlichen Geruch verbreiten", ist. Weihrauch und Salz kennt man ja. So hatte ich fast alle Informationen zu den Zutaten gefunden.

Auch wenn man das Räucherwerk sowieso nicht mehr genau nachempfinden kann, sollte man die Gebote der Bibel achten. Meiner Meinung nach ist nur das informative Verwenden heute noch zulässig. Das heißt, daß man das Räucherwerk ungefähr nachempfindet, um einen Eindruck zu bekommen, wie es gerochen hat. Auf gar keinen Fall sollte es jemand herstellen, damit „er sich an dem Geruch erfreue . . ." (2. Mose 30, 38).

Symbolik und Zusammenhang mit dem Neuen Testament

Beim Salböl und dem Räucherwerk einen Zusammenhang mit dem Neuen Testament zu suchen, würde in diesem Umfeld zu weit führen. Auch eine Deutung der einzelnen Kräuter ist meines Erachtens fehl am Platz. Allerdings sind drei Aspekte interessant.

Erstens: Die einzelnen Kräuter und Gewürze sind damals sehr wertvoll gewesen. Heute sind zwar einige der angegebenen Substanzen preiswert zu bekommen, andere hingegen sind auch heute noch sehr teuer, siehe auch Anhang 1. Bei der Übertragung auf unsere heutige Zeit und den Überlegungen zum Räucheraltar insgesamt fiel mir auf: Für „den Wohlgeruch des Herrn“ war das Beste gerade gut genug. Hier wurde, wie auch in der gesamten Stiftshütte, nur vom „Feinsten“ genommen. Sind wir uns dessen bewußt, und wie halten wir es selbst damit? Geben wir Gott auch immer das Beste? Oder „speisen“ wir ihn mit Geringerem ab?

Zum zweiten ist mir eine andere Sache aufgefallen. Das Galbanum hat, für sich allein gesehen, einen sehr stechenden und scharfen Geruch. Bringt man Galbanum aber mit einem anderen Stoff zusammen, so wird der Geruch verfeinert und sehr angenehm. So ist es auch oft im Alltag: Betrachtet man manche Dinge für sich allein, so hat man oft den Eindruck, daß sie nicht sinnvoll für Gott eingesetzt werden können. Stehen sie jedoch in einem bestimmten Zusammenhang mit anderen Dingen, so können sie durchaus einen sinnvollen Eindruck vermitteln.

Zum dritten wird das Räucherwerk in der Offenbarung des Johannes symbolisch als „Gebete der Heiligen“ bezeichnet. So wie der Rauch von dem Räucherwerk morgens und abends aufstieg, so sollen auch unsere Gebete regelmäßig zu Gott „aufsteigen“. Das soll, wie bei den Israeliten, „zum Wohlgeruch des Herrn“ geschehen. Im Psalm 141, Vers 2 heißt es: „Mein Gebet möge vor dir gelten als ein Opfer . . .“ Nur Jesus konnte dies bis jetzt erfüllen. Sein Leben und sein Gebet waren ein heiliges Räucheropfer. Sind auch unsere Gebete zum „Wohlgeruch des Herrn“?

17. Leuchter

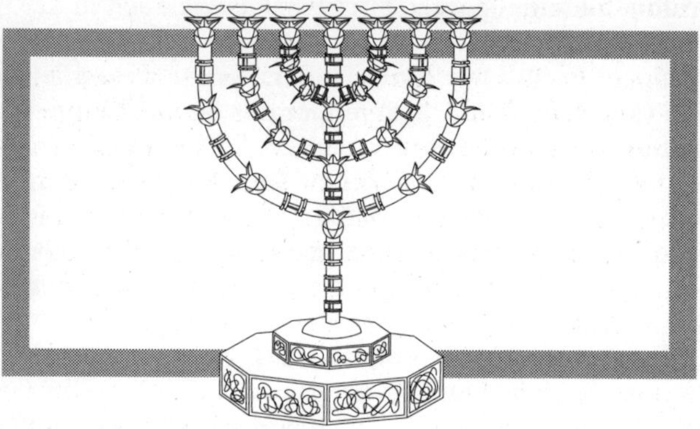

2. Mose 25: (31) Du sollst auch einen Leuchter aus feinem Golde machen, Fuß und Schaft in getriebener Arbeit, mit Kelchen, Knäufen und Blumen. (32) Sechs Arme sollen von dem Leuchter nach beiden Seiten ausgehen, nach jeder Seite drei Arme. (33) Jeder Arm soll drei Kelche wie Mandelblüten haben mit Knäufen und Blumen. So soll es sein bei den sechs Armen an dem Leuchter. (34) Aber der Schaft am Leuchter soll vier Kelche wie Mandelblüten haben mit Knäufen und Blumen, (35) und je einen Knauf unter zwei von den sechs Armen, die von dem Leuchter ausgehen. (36) Beide, Knäufe und Arme sollen aus einem Stück mit ihm sein, lauteres Gold in getriebener Arbeit. (37) Und du sollst sieben Lampen machen und sie oben anbringen, so daß sie nach vorn leuchten, (38) und Lichtscheren und Löschnäpfe aus feinem Golde. (39) Aus einem Zentner feinen Goldes sollst du den Leuchter machen mit allen diesen Geräten.

2. Mose 27: (20) Gebiete den Israeliten, daß sie zu dir bringen das allerreinste Öl aus zerstoßenen Oliven für den Leuchter, daß man ständig Lampen aufsetzen könne.

(21) In der Stiftshütte, außen vor dem Vorhang, der vor der Lade mit dem Gesetz hängt, sollen Aaron und seine Söhne den Leuchter zurichten, **daß er brenne vom Abend bis zum Morgen** vor dem Herrn.

2. Mose 30: (7) Und Aaron soll darauf verbrennen gutes Räucherwerk jeden Morgen, wenn er die Lampen zurichtet. (8) Desgleichen, wenn er die Lampen anzündet gegen Abend, soll er solches Räucherwerk auch verbrennen. Das soll das tägliche Räucheropfer sein vor dem Herrn bei euren Nachkommen. (9) Ihr sollt kein fremdes Räucherwerk darauf tun, auch kein Brandopfer, Speisopfer oder Trankopfer darauf opfern.

2. Mose 35: (30) Und Mose sprach zu den Israeliten: **Sehet, der Herr hat mit Namen berufen den Bezalel, den Sohn Uris, des Sohnes Hurs, vom Stamm Juda, (31) und hat ihn erfüllt mit dem Geist Gottes, daß er weise, verständig und geschickt sei zu jedem Werk, (32) kunstreich zu arbeiten in Gold, Silber und Kupfer, (33) Edelsteine zu schneiden und einzusetzen, Holz zu schnitzen, um jede kunstreiche Arbeit zu vollbringen. (34) Und er hat ihm auch die Gabe zu unterweisen ins Herz gegeben, ihm und Oholiab, dem Sohn Ahisamachs, vom Stamm Dan. (35) Er hat ihr Herz mit Weisheit erfüllt, zu machen alle Arbeiten des Goldschmieds und des Kunstwirkers und des Buntwirkers mit blauen und rotem Purpur, Scharlach und feiner Leinwand und des Webers, daß sie jedes Werk ausführen und kunstreiche Entwürfe ersinnen können.**

2. Mose 36: (1) So sollen denn arbeiten Bezalel und Oholiab und alle Künstler, denen der Herr Weisheit und Verstand gegeben hat zu wissen, wie sie alle Arbeit ausführen sollen zum Dienst des Heiligtums, ganz nach dem Gebot des Herrn. **(2) Und Mose berief Bezalel und Oholiab und alle Künstler, denen der Herr Weisheit ins Herz gegeben hatte, alle, die sich freiwillig erboten, ans Werk zu gehen und es auszurichten.**

3. Mose 24: (1) Und der Herr redete mit Mose und sprach **(2) Gebiete den Kindern Israel, daß sie zu dir bringen reines Öl aus zerstoßenen Oliven für den Leuchter, daß man beständig Lampen aufsetzen kann. (3) Außen vor dem Vorhang, der vor der Lade mit dem Gesetz hängt, in der Stiftshütte soll Aaron den Leuchter herrichten, daß er vom Abend bis zum Morgen beständig leuchte vor dem Herrn.** Das sei eine ewige Ordnung bei euren Nachkommen.

4. Mose 8: (1) Und der Herr redete mit Mose und sprach: (2) Rede mit Aaron und sprich zu ihm: **Wenn du die Lampen aufsetzt, sollst du sie so setzen, daß sie alle sieben von dem Leuchter nach vorwärts scheinen.**

Praktisch gesehen

Überall in Israel sieht man heute siebenarmige Leuchter. Dieser Leuchter hatte seinen Ursprung in der Stiftshütte. Mose erhielt von Gott die Anweisungen, wie dieser Leuchter herzustellen sei. Das mußte aus umgerechnet 36 kg Gold geschehen. Das Besondere daran war, daß der Leuchter nicht gegossen, sondern getrieben wurde. Was das bedeutet, möchte ich kurz erklären: Heutzutage wird Gold erhitzt und dann in eine Form gegossen. So kann jede Form gebildet werden. Metall „treiben" kann man sich wie folgt vorstellen: Wenn Sie mit einem Kind spielen und aus einer Knetmasse eine Figur herstellen möchten, so drücken und formen Sie die Knete so lange, bis Sie das erreicht haben, was Sie wollten – oder so etwas ähnliches. Die Knete wird nicht erhitzt, und Sie verlieren auch keine Knetmasse bei dieser Art der Bearbeitung. So wie Sie mit der Knete umgegangen sind, so mußte der Schmied damals mit dem Gold umgehen. Stellen Sie sich mal vor, vor Ihnen liegt ein Goldklumpen von 36 kg, und Sie müssen daraus einen Leuchter „treiben". Damit Sie sich ungefähr denken können, welche Ausmaße das Ganze hatte, hier ein paar Informationen, wieder von Conrad Schick. Nach seinen Berechnungen mußte der Leuchter ca. 0,9 m breit und 1,8 m hoch gewesen sein. Um weitere Informationen zu bekommen, ging ich mit meinen Unterlagen zu einem Goldschmied, legte sie ihm vor und bat ihn um Antworten auf meine Fragen. Zunächst fragte er mich, ob ich eigentlich wüßte, was ich da von ihm verlangen würde. Dann kam Interessantes heraus:

- Der Leuchter hätte heute einen reinen Materialpreis von ca. DM 880.000,–. Kommt noch der Arbeitslohn hinzu, so ist der Preis über DM 1.400.000,–.
- Ein Goldschmied kann heutzutage solch eine Menge Goldes nur noch „gießen". Eine Form zu „treiben" oder zu hämmern ist nicht mehr möglich.
- Eventuell könnte diese Arbeit, wenn überhaupt, noch ein Kunstschmied anfertigen.
- Der Goldschmied ist auch nicht mehr imstande, soviel Gold auf einen Schlag zu bearbeiten. Es werden lediglich kleinere Mengen für Schmuck etc. bearbeitet.
- Und zuletzt würde ich einige Behörden auf ihn aufmerksam machen. Denn bei einer solchen Menge Goldes in einem Stück, für *einen* Auftrag und *einen* Kunden, würden sofort das Finanzamt, die Polizei, die Kriminalpolizei und so weiter alarmiert, um die Herkunft sowie den Sinn und Zweck der Arbeit zu überprüfen.

Zum Schluß möchte ich Ihnen noch ein paar praktische Dinge zum Leuchter erzählen. Zunächst stellte sich mir die Frage: Wann brannte der Leuchter eigentlich? Nach einigen Nachforschungen fand ich die Stelle, die genau sagte, daß der Leuchter vom Abend bis zum Morgen brannte. Hierzu gibt es auch bei verschiedenen Übersetzungen Fehler. Bei der Durchsicht des Originaltextes findet man eine interessante Stelle. Der Leuchter brannte nur „vom Abend bis zum Morgen", also nur nachts. Dieser Leuchter war die einzige Lichtquelle im ganzen Heiligtum. In 2. Mose 30, 7–8 wird beschrieben, daß die Priester morgens im Heiligtum den Leuchter reinigen mußten. Die ausgebrannten Dochte mußten erneuert und heruntergefallene Ascheteile aufgehoben werden. Nach der Reinigung füllten dann die Priester die einzelnen Lampen des Leuchters mit genügend neuem und reinem Olivenöl wieder auf. Denn es heißt in der Bibel, daß das Licht nicht ausgehen durfte. Am Abend wurden die sieben Lampen auf dem Leuchter dann angezündet, damit sie die ganze Nacht durch brannten (2. Mose 30, 8).

Übrigens – im Heiligtum war es nicht, wie viele meinen, stockdunkel. Zum einen konnte der Vorhang am Eingang nicht an allen Seiten bündig abschließen. So kam immer etwas Licht durch die Ritzen an den Seiten. Des weiteren war am Eingang zum Heiligtum ja ein Vorhang und kein Teppich befestigt. Dieser Vorhang war etwas lichtdurchlässig. So herrschte immer etwas dämmriges Licht im Heiligtum.

Und eine weitere wahre Begebenheit zum Thema: In Israel gibt es eine jüdische Organisation, die das Ziel hat, die Gegenstände der Stiftshütte nach biblischen Angaben nachzubauen. Sie begannen mit dem Leuchter. Nach ca. einem Jahr hatten sie die Mittel, sprich die DM 1.400.000, zusammen. Aber seit zehn Jahren suchen sie weltweit nach einem Handwerker, der die Arbeit machen kann. Sie finden niemanden. Das machte mich stutzig, und ich begann der Sache nachzugehen.

Bei meiner Suche stieß ich auf 2. Mose 35, 30 ff. Schauen Sie mal nach: Gott berief zwei Mitglieder des Volkes Israel und befähigte sie mit diesen Gaben. Nur deshalb konnten diese die Arbeiten durchführen. Nicht genug, daß sie berufen wurden, sie stellten sich freiwillig zur Verfügung (2. Mose 36, 2). Jetzt war mir klar, warum die Organisation in Israel den Leuchter nicht anfertigen konnte. Es war niemand von Gott zu dieser Tat berufen worden. So wird die Organisation wohl niemanden finden – es sei denn, Gott befähigt jemanden dazu.

Symbolik und Zusammenhang mit dem Neuen Testament

Der Leuchter wurde aus einem der kostbarsten Materialien der damaligen Zeit hergestellt, Gold. Zudem wurde er auf eine Art und Weise angefertigt, die wir heute gar nicht mehr nachahmen können. Zunächst ein paar Gedanken zum Leuchter.

Der Leuchter diente als Lichtquelle im Heiligtum. Ein Priester mußte am Morgen die einzelnen Lampen mit Olivenöl auffüllen und am Abend anzünden. So war das Heiligtum die Nacht hindurch ausgeleuchtet. Am nächsten Morgen wurde von einem weiteren Priester der verglommene Docht der Lampen entfernt und die Öllampen gereinigt. Somit war der Leuchter die „Beleuchtungsanlage“ der Stiftshütte während der Nacht. In der Dunkelheit konnte man sich aufgrund des Lichtes im Heiligtum bewegen und war dadurch etwas sicherer. Und heute? Jesus sagt von sich: „Ich bin das Licht der Welt“, und möchte uns als das Licht in der Dunkelheit dieser Zeit scheinen und uns den Weg zeigen, den wir gehen sollten. Suchen wir immer dieses Licht?

Übrigens – noch eine andere Überlegung in diesem Zusammenhang. Ich beschrieb Ihnen ja, daß dieser Leuchter nicht mehr nachgemacht werden kann, zumindest nicht nach den exakten biblischen Angaben. Wieso, weshalb und warum erzählte ich Ihnen ja ausführlich. Ist Ihnen bei diesem Text etwas aufgefallen? Wenn nicht, schauen Sie noch einmal hinein (2. Mose 30, 35–31, 6).

Zunächst berief Gott die beiden Handwerker Bezalel und Oholiab und befähigte sie, diese Aufgaben durchzuführen. Auch wir können nur etwas Außerordentliches erreichen, wenn wir dafür von Gott berufen werden. Nur dadurch erhalten wir auch die Unterstützung von Gott. Fehlt uns diese Berufung, so fehlt uns das Wichtigste. Sollte ich jetzt hier und heute beschließen, „so einen albernen Leuchter könnte ich auch herstellen“, so wird das Unternehmen mit Sicherheit scheitern. Warum? Gott hat für jeden einzelnen von uns eine eigene Berufung. Und nur in dieser Berufung können wir gut vorankommen. Alles andere können wir vielleicht beginnen, aber ob es etwas Vernünftiges wird?

Weiter unten im Text finden Sie eine wichtige Aussage, die zweite in diesem Zusammenhang. Die Künstler stellten sich freiwillig der Aufgabe (2. Mose 36, 2b). Zunächst hatte Gott sie berufen und befähigt, die verschiedenen Arbeiten durchzuführen. Aber die Menschen waren damals wie heute keine willenlosen Geschöpfe. Jeder konnte und kann sich dieser Berufung widersetzen und sie nicht annehmen. Aber in unserem Fall nahmen die Handwerker ihre Berufung freiwillig an. Wie schaut das bei Ihnen und mir aus? Sind wir immer bereit, eine klar erkennbare Berufung für eine Aufgabe anzunehmen? Sollten in einer Gemeinde alle Mitglieder die Berufung haben, Reinigungskräfte zu sein – na, herzlichen Glückwunsch! Sie werden in einem reinen und sauberen Gebäude sitzen, nur wird ein Chaos bei Ihnen ausbrechen, denn Sie arbeiten dann ohne einen Leiter. Vielleicht möchte jeder von Ihnen ein Leiter sein. Dann wird es sehr interessant in Ihrer Gemeinde. Denn die Streitigkeiten, wer denn nun das Sagen hat, werden sicher zunehmen. Aber auf der anderen Seite werde ich dann bestimmt nicht mehr zu Ihnen kommen. Warum? Nun, da alle Leiter sein wollen, macht keiner mehr die Toiletten sauber! Sie merken, jede Aufgabe ist notwendig, und jeder wird zu einer anderen Aufgabe berufen. Sind Sie dazu bereit?

Aus meiner praktischen Sicht ist mir noch ein anderer Punkt aufgefallen. Damit er Ihnen besser ins Auge fällt, möchte ich Ihnen nachstehend noch einmal den Bibeltext in einer aktualisierten Version (1995) aufschreiben: 2. Mose 35, 30 ff: „Und Mose sprach zu den Kindern Israel: Sehet, der Herr hat mit Namen berufen Bezalel, den Sohn Uris, des Sohnes Hurs, vom Stamm Juda, sandte ihn fünf Jahre auf die Bibelschule, anschließend sechs Jahre auf die Universität zum Theologiestudium, um ihn dann ein Praktikum von zwei Jahren absolvieren zu lassen. Und hat ihn dann erfüllt mit dem Geist Gottes, daß er weise, verständig und geschickt sei zu jedem Werk, kunstreich zu arbeiten in Gold, Silber und Kupfer ...“

Haben Sie es gemerkt? Ich habe den Text mal etwas abgeändert und aktualisiert. Sie werden sich nun fragen, warum. Ganz einfach! Gott berief die beiden Handwerker und stellte sie sofort in ihren Dienst, nachdem sie sich bereit erklärt hatten, diese Aufgabe zu übernehmen. Keine theologische Ausbildung in irgendeiner Form war notwendig, um diese Arbeiten zu verrichten. Bei uns heute sieht das anders aus. Erkennt jemand eine klare Berufung Gottes zu einem Dienst oder zu einer Aufgabe, so wird zunächst einmal die theoretische theologische Ausbildung in Angriff genommen. Und erst im Anschluß kommt bei den meisten dann eine praktische Vorbereitung. In der Leitung von kirchlichen Organisationen sitzen oft Theologen an führender Stelle und müssen dort über viel Geld und viele Menschen entscheiden. Dafür sind sie aber meistens nicht qualifiziert. Fühlt sich aber jemand, der nicht diese Ausbildung durchlaufen hat, zu einem missionarischen Dienst berufen, so wird er meist von den anderen zurückgehalten, da eine biblische Ausbildung zumeist Voraussetzung hierfür ist. Anhand des Textes können Sie erkennen, daß dies auf gar keinen Fall biblisch ist. Es gibt auch andere Möglichkeiten, in einer missionarischen Arbeit eingesetzt zu werden. Auch Jesus Christus berief seine Mitarbeiter ohne Vorbehalte und Theologiestudium zum Dienst. Auch diese Mitarbeiter kamen aus ganz praktischen Berufen und konnten so sehr gut für Gott arbeiten.

Ich kann Ihnen nur aus eigener Erfahrung sagen: ein Kaufmann oder Diplom-Betriebswirt kann ohne große Probleme sehr gut als Missionar tätig sein. Eine theologische Ausbildung ist für eine Bibelarbeit oder eine missionarische Aktion vorteilhaft, aber nicht zwingend notwendig! Und nebenbei bemerkt, wären Sie mit einer theologischen Ausbildung zu diesen Ergebnissen über die Stiftshütte gekommen?

Sind wir also bereit, uns von Gott in eine Aufgabe berufen zu lassen? Und machen wir das Ganze auch noch freiwillig? Sind die Vorbehalte und Vorkehrungen richtig oder nur vorgeschoben?

18. Allerheiligstes

2. Mose 26: (15) Du sollst auch Bretter machen für die Wohnung, aus Akazienholz, zum Aufstellen; (16) zehn Ellen lang soll ein Brett sein und anderthalb Ellen breit. (17) Zwei Zapfen soll ein Brett haben, daß eins an das andere gesetzt werden könne. So sollst du alle Bretter der Wohnung machen. (18) Zwanzig von ihnen sollen nach Süden stehen. (19) Die sollen vierzig silberne Füße unten haben, je zwei Füße unter jedem Brett für seine zwei Zapfen. . . . (26) Und du sollst Riegel machen aus Akazienholz, fünf zu den Brettern auf der Langseite der Wohnung (27) und fünf zu den Brettern auf der anderen Langseite der Wohnung und fünf zu den Brettern auf der Rückseite der Wohnung nach Westen, (28) und sollst einen Mittelriegel in halber Höhe an den Brettern entlanglaufen lassen von einem Ende zu dem andern. (29) Und du sollst die Bretter mit Gold überziehen und ihre Ringe aus Gold machen, in die man die Riegel hineintut. (30) Und die Riegel sollst du mit Gold überziehen. So sollst du die Wohnung in der Weise aufrichten, wie du sie auf dem Berge gesehen hast. **(31) Du sollst einen Vorhang machen aus blauem und rotem Purpur, Scharlach und gezwirnter feiner Leinwand und sollst Cherubim einweben in kunstreicher Arbeit (32) und sollst ihn auf-**

hängen an vier Säulen von Akazienholz, die mit Gold überzogen sind und goldene Nägel und vier silberne Füße haben. (33) Und du sollst den Vorhang an die Haken hängen und die Lade mit dem Gesetz hinter den Vorhang setzen, daß er euch eine Scheidewand sei zwischen dem Heiligen und dem Allerheiligsten. (34) Und du sollst den Gnadenthron auf die Lade mit dem Gesetz tun, die im Allerheiligsten steht.

Praktisch gesehen

Das Allerheiligste war der hintere Teil der Stiftshütte. In ihm befand sich nur die Bundeslade, die die zwei Steintafeln mit den zehn Geboten enthielt. Auf der Bundeslade war der Gnadenthron Gottes. Direkt neben der Bundeslade stand der Krug mit Manna und lag der grünende Stab Aarons. Interessant ist beim Allerheiligsten, daß es quadratisch ist. Es ist zehn Ellen (= 4,6 m) hoch, breit und tief. Daraus ergibt sich die Form eines Würfels. Mathematiker bezeichnen solch eine Figur als vollkommen. Zudem hat die Zahl Zehn zur damaligen Zeit auch die Bedeutung der Vollkommenheit gehabt. Und gerade dieser Raum war der Ort, an dem Gott präsent war. Das Allerheiligste wurde vom Heiligtum durch einen Vorhang abgetrennt. Nur einmal im Jahr durfte der Hohepriester am Versöhnungstag in das Allerheiligste eintreten, um seine Opferdienste zu verrichten. Nur er allein durfte als einziger die Bundeslade und den Gnadenthron Gottes betrachten. Allen anderen Priestern war dies verboten.

Der Trennvorhang zwischen Allerheiligstem und dem Heiligtum wurde aus schwerem Material hergestellt. Dies ist auch der Vorhang, von dem im Neuen Testament berichtet wird. Als Jesus am Kreuz starb, zerriß dieser Vorhang im Tempel (Matthäusevangelium 27, 50–51).

In den nachfolgenden Kapiteln möchte ich Ihnen mehr Informationen zur Bundeslade und dem Gnadenthron geben.

Symbolik und Zusammenhang mit dem Neuen Testament

Das Allerheiligste war der Raum, in dem Gott gegenwärtig war. Von diesem Raum heißt es in 2. Mose 25, Vers 22: „Ich will mit dir reden. . .“ Es war der einzige Platz der direkten Gegenwart Gottes und wenigen Auserwählten vorbehalten. Heute dürfen die Christen in aller Freiheit direkt den Weg in das Allerheiligste nehmen.

Durch die Zahl Zehn wurde ein Raum beschrieben, der eine besondere Bedeutung hatte. Die Vollkommenheit dieses Raumes wurde dabei betont.

Der mit Gold überzogene Deckel der Bundeslade war der Gnadenthron Gottes, siehe Kapitel 20.

19. Bundeslade

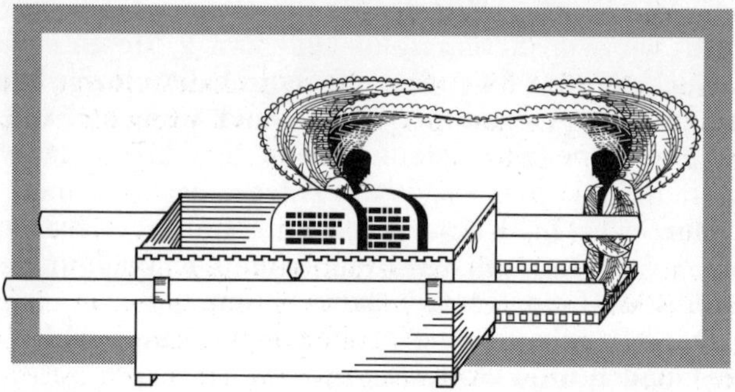

2. Mose 16: (31) . . . **Und es war wie weißer Koriandersamen und hatte einen Geschmack wie Semmel mit Honig.** (32) Und Mose sprach: Das ist's, was der Herr geboten hat: Fülle einen Krug davon, um es aufzubewahren für eure Nachkommen, auf daß man sehe das Brot, mit dem ich euch gespeist habe in der Wüste, als ich euch aus Ägyptenland führte. (33) Und Mose sprach zu Aaron: **Nimm ein Gefäß und tu Manna hinein, den zehnten Teil eines Scheffels, und stelle es hin vor den Herrn, daß es aufbewahrt werde für eure Nachkommen.** (34) Wie der Herr es Mose geboten hatte, **so stellte Mose das Gefäß vor die Lade mit dem Gesetz**, damit es aufbewahrt werde.

2. Mose 25: (10) Macht eine Lade aus Akazienholz; zwei und eine halbe Elle soll die Länge sein, anderthalb Ellen die Breite und anderthalb Ellen die Höhe. (11) Du sollst sie mit feinem Gold überziehen innen und außen und einen goldenen Kranz an ihr ringsherum machen. (12) Und gieß vier goldene Ringe und tu sie an ihre vier Ecken, so daß zwei Ringe auf der einen Seite und zwei auf der anderen seien. (13) Und mache Stangen von Akazienholz und überziehe sie mit Gold (14) und stecke sie in die

Ringe an den Seiten der Lade, daß man sie damit trage. (15) Sie sollen in den Ringen bleiben und nicht herausgetan werden. (16) Und du sollst in die Lade das Gesetz legen, das ich dir geben werde.

2. Mose 25: (21) Und du sollst den Gnadenthron oben auf die Lade tun und in die Lade das Gesetz legen, das ich dir geben werde.

4. Mose 17: (16) Und der Herr redete mit Mose und sprach: **(17) Rede mit den Israeliten und nimm von ihnen zwölf Stäbe, von jedem Fürsten ihrer Sippen je einen, und schreib eines jeden Namen auf seinen Stab. (18) Aber den Namen Aarons sollst du schreiben auf den Stab Levis. Denn für jedes Haupt ihrer Sippen soll je ein Stab sein. (19) Und lege sie in der Stiftshütte nieder vor der Lade mit dem Gesetz, wo ich mich euch bezeuge. (20) Und wen ich erwählen werde, dessen Stab wird grünen. So will ich das Murren der Israeliten, mit dem sie gegen euch murren, stillen. (21) Mose redete mit den Israeliten, und alle ihre Fürsten gaben ihm zwölf Stäbe, ein jeder Fürst je einen Stab, nach ihren Sippen, und der Stab Aarons war auch unter ihren Stäben. (22) Und Mose legte die Stäbe vor dem Herrn nieder in der Hütte des Gesetzes. (23) Am nächsten Morgen, als Mose in die Hütte des Gesetzes ging, fand er den Stab Aarons vom Hause Levi grünen und die Blüte aufgegangen und Mandeln tragen. (24) Und Mose trug die Stäbe alle heraus von dem Herrn zu allen Israeliten, daß sie es sahen, und ein jeder nahm seinen Stab. (25) Der Herr aber sprach zu Mose: Trage den Stab Aarons wieder vor die Lade mit dem Gesetz, damit er verwahrt werde zum Zeichen für die Ungehorsamen, daß ihr Murren vor mir aufhöre und sie nicht sterben.**

2. Samuel 6: (12) . . . **Da ging er hin und holte die Lade Gottes aus dem Hause Obed-Edoms herauf in die Stadt Davids mit Freuden.**

2. Samuel 6: (17) Als sie die Lade des Herrn hineinbrachten, stellten sie sie an ihren Platz mitten in dem Zelt, das David für sie aufgeschlagen hatte.

1. Könige 8: (9) Und es war nichts in der Lade als nur die zwei steinernen Tafeln des Mose, die er hineingelegt hatte am Horeb, die Tafeln des Bundes, den der Herr mit Israel schloß, als sie aus Ägyptenland ausgezogen waren.

2. Könige 25: (13) Die kupfernen Säulen am Hause des Herrn und die Gestelle und das kupferne Meer, das am Hause des Herrn war, zerbrachen die Chaldäer und brachten das Kupfer nach Babel. (14) Und die Töpfe, Schaufeln, Messer, Löffel und alle kupfernen Gefäße, die man beim Opferdienst brauchte, nahmen sie weg. (15) Dazu nahm der Oberste der Leibwache die Pfannen und Becken, alles, was golden und silbern war, (16) die beiden Säulen, das Meer und die Gestelle, die Salomo gemacht hatte für das Haus des Herrn. Das Kupfer aller dieser Gefäße aber war nicht zu wägen. (17) Achtzehn Ellen hoch war eine Säule, und ihr Knauf darauf war auch aus Kupfer und drei Ellen hoch, und das Gitterwerk und die Granatäpfel an dem Knauf umher, alles war aus Kupfer. Genauso war auch die andere Säule mit ihrem Gitterwerk.

Hebräerbrief 9: (2) Denn es war da aufgerichtet der vordere Teil der Stiftshütte, worin der Leuchter war und der Tisch und die Schaubrote, und er heißt das Heilige. **(3) Hinter dem zweiten Vorhang aber war die Hütte, die da heißt das Allerheiligste; (4) die hatte das goldene Räuchergefäß und die Lade des Bundes, allenthalben mit Gold überzogen, in welcher war der goldene Krug mit dem Himmelsbrot und der Stab Aarons, der gegrünt hatte, und die Tafeln des Bundes.**

Die Bundeslade wurde aus Akazienholz hergestellt, wie alle anderen Geräte der Stiftshütte. Die Außenmaße betrugen 2,5 Ellen (= 1,15 m) Länge, 1,5 Ellen (= 0,69 m) Breite und 1,5 Ellen (= 0,69 m) Höhe. Über die Dicke der einzelnen Bretter findet man nichts im Bibeltext. Ich habe daraufhin eine ungefähre Dicke von 0,1 m angenommen.

Nimmt man nun die Maße der Bundeslade, kann man das Gewicht errechnen. Da ich auch die Dicke der Bretter, wie oben erwähnt, angenommen habe, ergab sich nachstehende Berechnung:

1,15 m Länge x 0,59 m Höhe x 0,10 m Dicke x 2 Stück	= 135,70 cm^3
0,49 m Breite x 0,59 m Höhe x 0,10 m Dicke x 2 Stück	= 57,82 cm^3
1,15 m Länge x 0,69 m Breite x 0,10 m Dicke x 1 Stück	= 79,35 cm^3
Gesamtvolumen	= 272,87 cm^3

Multipliziert man das Gesamtvolumen der Bundeslade mit dem spezifischen Gewicht des Akazienholzes, so ergibt sich ein Gewicht von 218,29 kg.

$$272{,}87\ m^3 \times 0{,}8\ g/cm^3 = 218{,}29\ kg$$

An der Bundeslade waren zu beiden Seiten jeweils an den Ecken goldene Ringe angebracht. Durch diese wurden für den Transport vergoldete Stangen aus Akazienholz hindurchgesteckt. Entgegen anders lautender Aussagen einiger Ausleger blieben diese Stangen immer in der Bundeslade stecken (2. Mose 25, 13-15). Denn niemand außer dem Hohenpriester kam mit der Bundeslade in Berührung. Alleine wäre es dem Hohenpriester nicht gelungen, die Stangen durch die Ringe hindurchzustecken.

In der Bundeslade lagen nur die zwei Steintafeln, die die Zehn Gebote enthielten. Gott gab Mose diese Zehn Gebote. Zur Mahnung und Erinnerung sollten sie in der Bundeslade liegen. Es gibt nun Ausleger dieser Texte, die zusätzlich noch den Krug mit Manna und den grünenden Stab Aarons in die Bundeslade legen. Dies ist meiner Meinung nach nicht richtig. Warum? Das möchte ich Ihnen nun erklären.

Zunächst einmal: Was sind der Krug mit Manna und der grünende Stab Aarons? Während der Wanderschaft des Volkes Israel von Ägypten nach Israel gingen ihnen nach einigen Tagen der Wanderschaft alle Nahrungsmittel aus. Das Volk begann mit Mose und Gott zu hadern. Warum sollten sie aus der Gefangenschaft Ägyptens ziehen und jetzt verhungern? Dort hatten sie wenigstens genügend zu essen und zu trinken gehabt. Während der Nacht ließ Gott dann Manna regnen, das einen ähnlichen Geschmack wie Sesam haben soll. Gott gab dem Volk Israel so viel Nahrung, wie sie benötigten. Gleichzeitig gab er ihnen aber auch die Anweisung, keine Vorräte anzulegen. An jedem Tag würde er für genügend Nahrung sorgen. Es gab einige Menschen, die wollten das nicht glauben und horteten Manna in größeren Mengen. Am nächsten Morgen war nicht nur die gehortete Menge von Manna verschimmelt, sondern es gab auch genügend frisches Manna, welches neu auf dem Boden lag. Damit sich das Volk immer daran erinnerte und als Mahnung für ihre unberechtigten Unmut Gott gegenüber sollte Mose einen Krug mit Manna füllen und neben die Bundeslade stellen (2. Mose 16, 33). Dieses Manna verschimmelte nicht. In diesem Krug sollte 1/10 Scheffel Manna sein. Ein Scheffel hatte ein Gewicht von 39,3 kg. Davon 1/10 ergibt 3,93 kg. Also waren in diesem Krug ca. 3,9 kg Manna.

Der grünende Stab Aarons ist uns ja schon einmal begegnet. Er bestätigte, daß Aaron der erste Hohepriester sein sollte. Zur Erinnerung daran sollte Mose diesen Stab aufbewahren (4. Mose 17, 16–28).

Diese beiden Gegenstände lagen also vor der Bundeslade. In einigen Darstellungen wurden sie in die Bundeslade hineingelegt. Doch da gibt es einige Diskrepanzen. Bei der Durchsicht der Bibeltexte fand ich eine klare Aussage: Der Krug mit Manna und der grünende Stab des Aaron mußten *vor* der Bundeslade liegen. Warum? Nun, zunächst einmal heißt es im 2. Buch Mose Kapitel 25, Vers 16, daß Mose „in die Lade das Gesetz legen soll". Von weiteren Gegenständen war nie die Rede. Des weiteren heißt es im 2. Buch Mose Kapitel 16, Vers 33 in der Beschreibung um den Krug mit Manna: „So stellte Mose das Gefäß vor die Lade mit dem Gesetz." Als letztes möchte ich noch 1. Könige Kapitel 8, Vers 9 zitieren: „Und es war nichts in der Lade als nur die zwei steinernen Tafeln des Mose." Also, klarer geht es meiner Meinung nach nicht. Ich wollte aber noch den Originaltext zu Rate gezogen haben. Mein Bekannter, der Theologe, fand Interessantes heraus. Das Gesetz oder die Gesetzestafeln heißen im Hebräischen „ha-edut" und die Bundeslade heißt „aron ha-edut", was soviel heißt wie „Schrein der Gesetzestafeln". Zudem steht im 2. Buch Mose Kapitel 30, Vers 36, daß Mose „etwas Räucherwerk vor die Lade mit dem Gesetz bringen soll". Würde man den Begriff „vor die Lade bringen" mit „in die Lade legen" gleichsetzen, wie es manch einer gerne sehen würde, käme hier ein großes Problem auf uns zu. Denn dann wäre auch das Räucherwerk in der Bundeslade, und das ist undenkbar. Sie sehen also: Nimmt man den Originaltext zu Hilfe und forscht darin, findet man klare Aussagen.

Einzig im Hebräerbrief im Neuen Testament wird im Kapitel 9, Vers 4 beschrieben, daß beide Gegenstände in der Bundeslade lagen. Dies ist aber die einzige Stelle, die so ein Vorgehen beschreibt. Wie kommt dieser Unterschied zustande? Sehr wahrscheinlich war es so, daß die Leviten im Laufe der 38 Jahre der Wanderung den grünenden Stab Aarons und den Krug mit Manna in die Bundeslade legten. Somit konnten sie sich zusätzliche

Arbeiten ersparen. In Jerusalem angelangt, war es bereits Gewohnheit, daß die Gegenstände in der Bundeslade lagen. Dies viele Jahrhunderte weiter überliefert, berichtete dann der Schreiber des Hebräerbriefes. So wäre dann seine Darstellung des Inhaltes der Bundeslade korrekt! Eine genaue Rekonstruktion ist nicht mehr möglich. Zudem ändert dies auch nichts an den Fakten und dem Zusammenhang mit dem Neuen Testament.

Nehme ich alle Betrachtungen zusammen, so kann ich nur zu dem Schluß kommen, daß der grünende Stab Aarons und der Krug mit Manna ursprünglich *vor* der Bundeslade gelegen haben. Und trotz der oben genannten scheinbaren Widersprüche zum Hebräerbrief hat dieser dann nach diesen Überlegungen doch recht.

Nach all diesen Beschreibungen stellt man sich natürlich die Frage, was im Laufe der Zeit mit der Bundeslade geschah. Als das Volk Israel nach vielen Jahren der Wanderschaft in Jerusalem eintraf, baute man dort den großen Tempel, genau nach dem Plan der Stiftshütte. Dorthin wurde dann die Bundeslade gebracht und aufbewahrt (1. Könige 8, 3–9). Weitere Beschreibungen finden Sie in 2. Samuel 6, 12+17 und 2. Könige 25, 13–17.

Für den weiteren Verbleib der Stiftshütte und deren Gegenstände gibt es wieder verschiedene Theorien. Nach einigem Suchen fand ich eine für mich realistische Lösung. Als im Laufe der Jahre Kriegshandlungen in Israel den Tempel zerstörten, wurden auch die einzelnen Teile der Stiftshütte vernichtet. Heutzutage kann man daher nicht mehr nachvollziehen, wie die Bundeslade genau aussah (Kapitel 9).

Symbolik und Zusammenhang mit dem Neuen Testament

In der Bundeslade wurde das Gesetz aufbewahrt. Die beiden Steintafeln mit den Zehn Geboten mußten ja für den Transport geschützt sein. Zusammen mit dem Gnadenthron Gottes wurde die Bundeslade besonders geachtet und behandelt. Niemand außer dem Hohepriester durfte sie berühren. Sie war absolut heilig.

Wie steht es diesbezüglich heute bei uns? Wie weit sind uns biblische Aussagen oder Anweisungen der Bibel klar und „heilig"? Schenken wir unserem Eigenheim, unserer Familie oder unserem Auto mehr Beachtung als der Bibel, die uns Wesentliches für Zeit und Ewigkeit zu sagen hat?

Auf der Bundeslade, dem Thron Gottes, ruhte tagsüber eine Wolken- und nachts eine Feuersäule. Sie symbolisierte die Anwesenheit Gottes. Die beiden Cherubimfiguren sind Sinnbilder der heiligen Wächter an dem Thron Gottes. Im Neuen Testament steht für die Anwesenheit Gottes der Heilige Geist, der in jedem Gläubigen und auch in jeder Gemeinde wohnt. Im 1. Petrusbrief heißt es: „Der Geist, der ein Geist der Herrlichkeit ist, ruht auf euch."

20. Gnadenthron

(Deckel der Bundeslade)

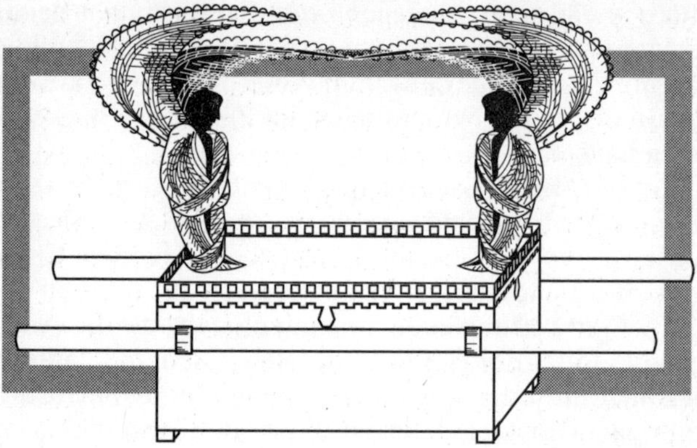

2. Mose 25: (17) Du sollst auch einen Gnadenthron machen aus feinem Golde; zwei und eine halbe Elle soll seine Länge sein und anderthalb Ellen Breite. (18) Und du sollst zwei Cherubim machen aus getriebenem Golde an beiden Enden des Gnadenthrones, (19) so daß ein Cherub sei an diesem Ende, der andere an jenem, daß also zwei Cherubim seien an den Enden des Gnadenthrones. (20) Und die Cherubim sollen ihre Flügel nach oben ausbreiten, daß sie mit ihren Flügeln den Gnadenthron bedecken und eines jeden Antlitz gegen das des anderen stehe; und ihr Antlitz soll zum Gnadenthron gerichtet sein. (21) Und du sollst den Gnadenthron oben auf die Lade tun und in die Lade das Gesetz legen, das ich dir geben werde. (22) Dort will ich dir begegnen, und vom Gnadenthron aus, der auf der Lade mit dem Gesetz ist, zwischen den beiden Cherubim will ich mit dir alles reden, was ich dir gebieten will für die Israeliten.

Praktisch gesehen

Beim Gnadenthron gibt es viele Fragezeichen. Zunächst einmal war dieser Gnadenthron der Deckel der Bundeslade. Er wurde aus massivem Gold hergestellt. Der untere Teil bestand aus einer Goldplatte, die die Bundeslade abdeckte. Auf diese Platte wurden zwei Cherubimfiguren gestellt, die auf jeder Seite am Rande der Platte befestigt wurden. Sowohl die Platte als auch die beiden Figuren waren aus massivem Gold.

Wie nun die Platte gestaltet und verziert war, kann man heute nicht mehr nachvollziehen. Auch die beiden Cherubimfiguren sind nicht mehr nachzuempfinden. Über diese Figuren wird nur berichtet, daß sie an den Kanten der Platte und sich gegenüber standen. Die Flügel breiteten sie über den Gnadenthron zum Schutze aus, und sie berührten sich in der Mitte der Platte.

Das war's dann aber auch schon. Ich muß ganz ehrlich sagen: zum Glück. Denn stellen Sie sich vor, es gäbe noch detaillierte Beschreibungen davon. Trophäenjäger und Freaks würden diese Gegenstände nachbauen. Das gäbe einen riesigen Kult um diese Symbole, ohne daß der eigentliche Sinn und Zweck noch beachtet würde.

Symbolik und Zusammenhang mit dem Neuen Testament

Dieser Gnadenthron lag direkt auf der Bundeslade. Er symbolisierte den Platz, an dem Gott sich aufhielt. Die goldene Platte mit den beiden Cherubimfiguren lag damit genau über den beiden Gesetzestafeln. Wurde Recht gesprochen, so mußte man erst einmal an der Gnade Gottes vorbei. Oder anders gesprochen: Ohne die Gnade Gottes kann kein Recht gesprochen werden.

Wie anders machen wir es heute bei uns! Wird bei der Rechtsprechung noch auf die Gnade Gottes geachtet?

Der Gnadenthron war der „Sühndeckel". Die Bedeutung dieses Wortes wird von dem hebräischen Wort

„Kapporeth“ = „Deckel“ und „Kaphar“ = „decken“, „verbergen“, „sühnen“ abgeleitet. Der Deckel verbirgt etwas. Die Bedeutung des „Sühndeckels“ ist demnach: Bedeckung der Sünde, der Übertretung des Gesetzes. Der Bruch des Gesetzes mußte bedeckt werden. Aber nicht der Deckel bedeckte die Sünde, sondern das Opferblut, das der Hohepriester am Yom Kippur, dem Versöhnungstag, auf diesen Gnadenthron sprengte. Dadurch wurde der Richterstuhl zu einem Gnadenstuhl, die Sünde war bedeckt. Für uns heute bedeckt Jesus Christus die Sünde. Durch seinen Tod nahm er unsere Schuld auf sich und „bedeckte“ unsere Sünde vor Gott.

21. Arbeiten rund um die Wanderung

2. Mose 13, 21	Wegweisung: tags - Wolkensäule, nachts – Feuersäule
	In der Wüste Sin: Manna und Wachteln
2. Mose 16, 35	Wanderdauer: 40 Jahre
4. Mose 4, 1–49	Aufteilung der Arbeiten der Priester
4. Mose 7, 1–3	Spende: 6 Wagen, 12 Rinder
4. Mose 7, 6	Spende an die Leviten:
4. Mose 7, 7	2 Wagen, 4 Rinder an Gersoniter
4. Mose 7, 8	4 Wagen, 8 Rinder an Mehariter
4. Mose 7, 9	0 Wagen, 0 Rinder an Kehathiter
4. Mose 7, 9	Die Kehathiter mußten alles auf ihren Schultern tragen
4. Mose 9, 15–23	Erläuterung, wann weitergezogen werden kann
4. Mose 10, 33	Sie reisten 3 Tage
4. Mose 11, 31	1 Tagesreise entfernt vom Lager, Wachteln 2 Ellen hoch (0,96 m)
4. Mose 12, 16	Von Hazeroth in die Wüste Paran
4. Mose 13, 22	Sie gingen nach Hebron
4. Mose 13, 23	Sie erreichen den Bach Eschkol
4. Mose 13, 25	Nach 40 Tagen Rückkehr
4. Mose 14, 25	Geht in die Wüste > Schilfmeer
4. Mose 14, 40	Gingen ins Gebirge
4. Mose 21, 1	Weg von Atharim nach Arad
4. Mose 21, 4	Aufbruch von Hor zum Schilfmeer, um die Edomiter zu umgehen
4. Mose 21, 12	Ziehen weiter nach Bach Sered
4. Mose 21, 13	Wüste südlich des Arnon
4. Mose 21, 16	Sie zogen nach Beer,
4. Mose 21, 18	von Beer nach Mattana,
4. Mose 21, 19	von Mattana nach Nahaliel nach Bamoth,
4. Mose 21, 20	von Bamoth ins Tal von Moab, beim Gipfel Pisga

4. Mose 21, 33	Nach Basan gewandert.
4. Mose 22, 1	Zum Jordantal gegenüber Jericho
5. Mose 1, 2	11 Tagesreisen vom Horeb nach Kadesch-Barnea
5. Mose 2, 14	Von Kadesch-Barnea durch den Bach Sered, danach 38 Jahre Wüstenwanderung

Praktisch gesehen

Sie haben vielleicht eines gleich zu Anfang dieses Kapitels bemerkt: Diesmal sind die einzelnen Bibeltexte nicht alle abgedruckt. Sehen Sie sich bitte mal die Vielzahl der Texte an. Das würde mehrere Seiten Bibeltexte bedeuten. Dadurch würde dieses Taschenbuch noch dicker werden. Dieses Kapitel soll einige praktische Dinge aufzeigen, aber Symbolik und ein Zusammenhang mit dem Neuen Testament sind nicht enthalten. Daraufhin erlaubte ich mir, die Texte wegfallen zu lassen. Ich hoffe, Sie verzeihen mir dies? Sie kennen sich ja auch langsam schon gut in den Texten aus, so daß Sie einmal den Versuch starten sollten, die Texte direkt in der Bibel nachzulesen. Das ist sehr interessant und hilfreich. Wagen Sie mal den Versuch, es lohnt sich!

Wie sah es damals auf der Wanderung des Volkes Israel aus? Zunächst einmal gab Gott dem Volk Israel eine Hilfestellung für die Wanderung. In der Nacht war über der Stiftshütte eine Feuersäule und am Tag eine Wolkensäule. So konnte jeder sehen, daß Gott in der Stiftshütte war. Bewegte sich diese Säule, so war dies das Signal zum Aufbruch. Blieb die Säule an irgendeinem Platz stehen, so sollte das Volk Israel an diesem Platz lagern.

Die Wanderung durch die Wüste dauerte 40 Jahre, genauer gesagt 38 Jahre. Dieser Zeitraum wurde vom Tag des Auszugs aus Ägypten an gezählt. Nach diesen 40 Jahren erreichte das Volk Israel das verheißene Land. Wie der genaue Verlauf der Wanderung war, können Sie dem Anhang entnehmen. Anhang 2 enthält die Reiseroute.

Damit Sie einen besseren Überblick über den zeitlichen Ablauf erhalten, können Sie zusätzlich im Anhang einige Daten über den zeitlichen Ablauf der Wanderung finden und im Anhang 3 die Karte mit der eingezeichneten Wanderroute betrachten. Beides macht das jeweilige Thema nachvollziehbar. Viel Spaß beim Betrachten!

Über die einzelnen Tätigkeiten der Priester hatte ich Ihnen ja schon in Kapitel 10 berichtet. Während der Wanderung hatten die Priester besondere Aufgaben. Diese wurden sowohl genauer im Kapitel über die Priester als auch in dem oben genannten Bibeltext umschrieben.

Bei dem Bericht über die Stiftshütte ist ein wichtiger Aspekt noch gar nicht genannt worden: Zur Weihe der Stiftshütte spendeten die Fürsten der einzelnen Stämme des Volkes Israel den Priestern Rinder-Gespanne. Gott gab aber genaue Anweisungen, welcher Stamm der Leviten wie viele der Rinder und Gespanne erhalten solle. So bekamen die Gersoniter 2 Gespanne und vier Rinder, die Merariter 4 Gespanne und acht Rinder. Die Kehathiter gingen leer aus.

Nach diesen Angaben wurde aber auch festgelegt, daß die großen Geräte der Stiftshütte und die einzelnen Bestandteile der Stiftshütte und des Vorhofes getragen werden mußten. Die Gespanne durften dafür nicht verwendet werden. Nur Kleinteile durften auf diesen Wagen transportiert werden.

Die einzelnen Stationen der Wanderung in diesem Zusammenhang ausführlich zu beschreiben, würde den Rahmen sprengen. Ich möchte Sie deswegen gerne nochmals auf den Anhang 2 und 3 verweisen. Dort können Sie den genauen Routenverlauf ersehen. Zu allen Stationen finden Sie dort auch die entsprechenden Bibelstellen.

Da einige Orte der Wanderung heute nicht mehr genau nachzuvollziehen sind, wurde die ungefähre Lage der Orte eingezeichnet. Möchten Sie die genauen Berichte der Wanderung miterleben, so lade ich Sie ein, die angegebenen Bibeltexte einmal nachzulesen. Manch ein moderner Reisebericht könnte nicht interessanter geschrieben sein! Testen Sie es einmal.

22. Lagerplatz und Größe des Volkes Israel

Plan des Lagers der Israeliten in der Wüste

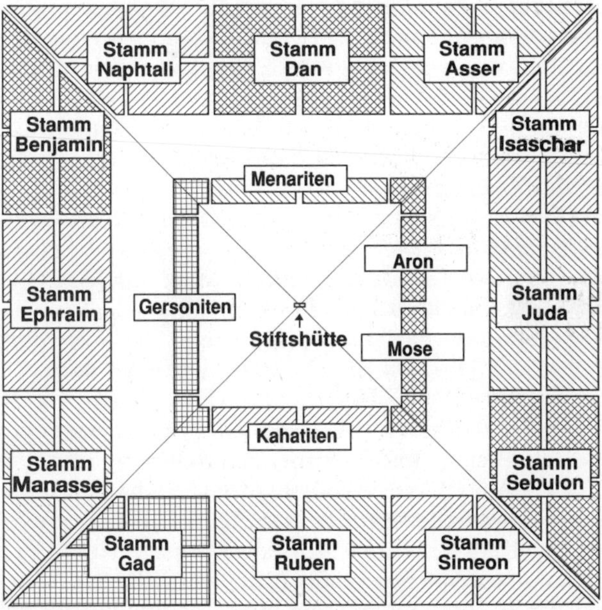

2. Mose 12: (37) Also zogen die Kinder Israel aus von Ramses nach Sukkoth, **sechshunderttausend Mann zu Fuß ohne die Frauen und Kinder.** (38) Und es zog auch mit ihnen viel fremdes Volk, dazu Schafe und Rinder, sehr viel Vieh.

4. Mose 1: (2) Nehmt die Summe der ganzen Gemeinde der Israeliten auf nach ihren Geschlechtern und Sippen und Namen, alles, was männlich ist, Kopf für Kopf, (3)

von zwanzig Jahren an und darüber, was wehrfähig ist in Israel. Ihr sollt sie zählen nach ihren Heerscharen, du und Aaron. (4) Und es soll euch beistehen je ein Mann von jedem Stamm, nämlich das Haupt seiner Sippen.

4. Mose 1: (44) Dies sind die Männer, die Mose zählte mit Aaron und den zwölf Fürsten Israels, von denen jeder seinen Sippen vorstand. (45) Und die Summe der Israeliten nach ihren Sippen, von zwanzig Jahren an und darüber, alles, was wehrfähig war in Israel, (46) war 603.550.

4. Mose 2: (1) Und der Herr redete mit Mose und Aaron und sprach: (2) Die Israeliten sollen um die Stiftshütte her sich lagern, ein jeder bei seinem Banner und Zeichen, nach ihren Sippen. **(3) Nach Osten soll sich lagern das Banner des Lagers Juda** mit seinen Heerscharen; sein Fürst Nachschon, der Sohn Amminadabs, (4) und sein Heer, **74.600 Mann. (5) Neben ihm soll sich lagern der Stamm Isaschar**: sein Fürst Netanel, der Sohn Zuars, (6) und sein Heer, **54.400 Mann. (7) Dazu der Stamm Sebulon**: sein Fürst Eliab, der Sohn Helons, (8) und sein Heer, **57.400 Mann – (9) so daß alle, die ins Lager Juda gehören, seien nach ihren Heerscharen zusammen 186.400 Mann. Und sie sollen vornean ziehen. (10) Nach Süden soll sein das Banner des Lagers Ruben** mit seinen Heerscharen: sein Fürst Elizur, der Sohn Schedëurs, (11) und sein Heer, **46.500 Mann. (12) Neben ihm soll sich lagern der Stamm Simeon:** sein Fürst Schelumiël, der Sohn Zurischaddais, (13) und sein Heer, **59.300 Mann. (14) Dazu der Stamm Gad**: sein Fürst Eljasaf, der Sohn Deguëls, (15) und sein Heer, **45.650 Mann – (16) so daß alle, die ins Lager Ruben gehören, seien nach ihren Heerscharen zusammen 151.450 Mann. Und sie sollen die zweiten beim Auszug sein. (17) Danach soll die Stiftshütte aufbrechen mit dem Lager der Leviten, in der Mitte zwischen den anderen Lagern; und wie sie lagern, so sollen sie auch ausziehen, ein jeder an seinem Platz unter seinem Banner. (18) Nach Westen soll sein das**

Banner des Lagers Ephraim mit seinen Heerscharen: sein Fürst soll sein Elischama, der Sohn Ammihuds, (19) und sein Heer, **40.500 Mann. (20) Neben ihm soll sich lagern der Stamm Manasse:** sein Fürst Gamliël, der Sohn Pedazurs, (21) und sein Heer, **32.200 Mann. (22) Dazu der Stamm Benjamin:** sein Fürst Abidan, der Sohn des Gidoni, (23) und sein Heer, **35.400 Mann – (24) so daß alle, die ins Lager Ephraim gehören, seien nach ihren Heerscharen zusammen 108.100 Mann. Und sie sollen die dritten beim Auszug sein. (25) Nach Norden soll sein das Banner des Lagers Dan** mit seinen Heerscharen: sein Fürst Ahiëser, der Sohn Ammischaddais, (26) und sein Heer, **62.700 Mann. (27) Neben ihm soll sich lagern der Stamm Asser**: sein Fürst Pagiël, der Sohn Ochrans, (28) und sein Heer, **41.500 Mann. (29) Dazu der Stamm Naftali**: sein Fürst Ahira, der Sohn Enans, (30) und sein Heer, **53.400 Mann – (31) so daß alle, die ins Lager Dan gehören, seien zusammen 157.600 Mann. Und sie sollen die letzten sein beim Auszug mit ihrem Banner. (32) Dies ist die Summe der Israeliten nach ihren Sippen, Lagern und Heerscharen: 603.550 Mann. (33) Aber die Leviten wurden unter den Israeliten nicht mitgezählt, wie der Herr es Mose geboten hatte.** (34) Und die Israeliten taten alles, wie der Herr es Mose geboten hatte; wie sie bei ihren Bannern lagerten, so zogen sie aus, ein jeder bei seinem Geschlecht und seiner Sippe.

4. Mose 3: (11) Und der Herr redete mit Mose und sprach: (12) Siehe, ich habe die Leviten genommen aus den Israeliten statt aller Erstgeburt, die den Mutterschoß durchbricht in Israel, so daß die Leviten mir gehören sollen. (13) Denn die Erstgeburten sind mein. An dem Tage, da ich alle Erstgeburt schlug in Ägyptenland, da heiligte ich mir alle Erstgeburt in Israel, vom Menschen an bis auf das Vieh, daß sie mir gehören sollen. Ich bin der Herr. (14) Und der Herr redete mit Mose in der Wüste Sinai und sprach: **(15) Zähle die Söhne Levi nach ihren Sippen und Geschlechtern, alles, was männlich ist, einen Monat**

alt und darüber. (16) Also zählte sie Mose nach dem Wort des Herrn, wie er ihm geboten hatte. (17) Und dies waren die Söhne Levis mit Namen: Gerson, Kehath und Merari. (18) Die Namen aber der Söhne Gersons nach ihren Geschlechtern waren: Libni und Schimi. (19) Die Söhne Kehaths nach ihren Geschlechtern waren: Amram, Jizhar, Hebron und Usiël. (20) Die Söhne Meraris nach ihren Geschlechtern waren: Machli und Muschi. Das sind die Geschlechter Levis nach ihren Sippen. **(21) Dies sind die Geschlechter von Gerson**: die Libniter und die Schimiter. **(22) Ihre Zahl war 7500, alles, was männlich war, einen Monat alt und darüber. (23) Und die Geschlechter der Gersoniter sollen sich lagern hinter der Wohnung nach Westen.** (24) Ihr Fürst sei Eljasaf, der Sohn Laëls. **(25) Und sie sollen an der Stiftshütte in Obhut nehmen die Wohnung und das Zelt und seine Decken und den Vorhang in der Tür der Stiftshütte, (26) die Umgänge am Vorhof und den Vorhang in der Tür des Vorhofs, der die Wohnung und den Altar umgibt, und ihre Seile und was sonst zu ihrem Amt gehört. (27) Dies sind die Geschlechter von Kehath:** die Amramiter, die Jizhariter, die Hebroniter und die Usiëliter, **(28) alles, was männlich war, einen Monat alt und darüber, an Zahl 8600, die den Dienst am Heiligtum versehen. (29) Die Geschlechter der Söhne Kehath sollen sich lagern an der Seite der Wohnung nach Süden.** (30) Ihr Fürst sei Elizafan, der Sohn Usiëls. **(31) Und sie sollen in Obhut nehmen die Lade, den Tisch, den Leuchter, die Altäre und alle Geräte des Heiligtums, an denen sie dienen, und den Vorhang und was sonst zu ihrem Amt gehört.** (32) Aber der Fürst über alle Fürsten der Leviten soll Eleasar sein, der Sohn Aarons, des Priesters, zur Aufsicht über die, welche den Dienst am Heiligtum versehen. **(33) Dies sind die Geschlechter Meraris**: die Machliter und die Muschiter, **(34) die an Zahl waren 6.200, alles, was männlich war, einen Monat alt und darüber.** (35) Ihr Fürst sei Zuriël, der Sohn Abihajils. **Sie sollen sich lagern an der Seite der Wohnung nach Norden. (36) Und ihr Amt soll**

sein, in Obhut zu nehmen die Bretter und Riegel und Säulen und Füße der Wohnung und alle ihre Geräte und was sonst zu ihrem Amt gehört, (37) dazu die Säulen um den Vorhof mit ihren Füßen und Pflöcken und Seilen. (38) Aber vor der Wohnung, vor der Stiftshütte, nach Osten sollen sich lagern Mose und Aaron und seine Söhne, daß sie auf das Heiligtum achthaben für die Israeliten. Wenn sich ein Fremder naht, so soll er sterben. (39) Alle Leviten zusammen, die Mose mit Aaron zählte nach ihren Geschlechtern nach dem Wort des Herrn, alles, was männlich war, einen Monat alt und darüber, waren 22.000. (40) Und der Herr sprach zu Mose: **Zähle alle Erstgeburt, was männlich ist unter den Israeliten, einen Monat alt und darüber, und nimm die Zahl ihrer Namen auf.** (41) Und du sollst mir – denn ich bin der Herr – die Leviten aussondern statt aller Erstgeburt der Israeliten und das Vieh der Leviten statt aller Erstgeburt unter dem Vieh der Israeliten. (42) Und Mose zählte, wie ihm der Herr geboten hatte, alle Erstgeburt unter den Israeliten, **(43) und die Zahl der Namen aller männlichen Erstgeburt, einen Monat alt und darüber, betrug 273.** (44) Und der Herr redete mit Mose und sprach: (45) Nimm die Leviten statt aller Erstgeburt unter den Israeliten und das Vieh der Leviten statt ihres Viehs, daß die Leviten mir gehören sollen. Ich bin der Herr. (46) Aber als Lösegeld für die 273 Erstgeburten der Israeliten, die die Zahl der Leviten übersteigen, (47) sollst du fünf Lot Silber erheben für jeden Kopf. Nach dem Gewicht, wie es am Heiligtum gilt, sollst du sie erheben das Lot zu zwanzig Gramm. (48) Und du sollst das Silber für die, welche überzählig sind unter ihnen, Aaron und seinen Söhnen als Lösegeld geben. (49) Da nahm Mose das Lösegeld von denen, die die Zahl der Leviten überstiegen. (50) Von den Erstgeborenen der Israeliten nahm er 1.365 Lot Silber nach dem Gewicht, wie es am Heiligtum gilt, (51) und gab's Aaron und seinen Söhnen nach dem Wort des Herrn, wie der Herr es Mose geboten hatte.

4. Mose 26: (1) Und es geschah nach der Plage, da sprach der Herr zu Mose und Eleasar, dem Sohn des Priesters Aaron: (2) Nehmt die Summe der ganzen Gemeinde der Israeliten auf, von zwanzig Jahren an und darüber nach ihren Sippen, alle, die wehrfähig sind in Israel. (3) Und Mose und Eleasar, der Priester, zählten sie im Jordantal der Moabiter gegenüber Jericho, (4) die zwanzig Jahre alt waren und darüber, wie der Herr es Mose geboten hatte. Dies aber waren die Israeliten, die aus Ägypten gezogen waren: **(5) Ruben, der Erstgeborene Israels**. Die Söhne Rubens aber waren: Henoch, von dem das Geschlecht der Henochiter kommt; Pallu, von dem das Geschlecht der Palluiter kommt; (6) Hezron, von dem das Geschlecht der Hezroniter kommt; Karmi, von dem das Geschlecht der Karmiter kommt. **(7) Das sind die Geschlechter von Ruben, und ihre Zahl war 43.730**. (8) Aber die Söhne Pallus waren Eliab. (9) Und die Söhne Eliabs waren Nemuël und Datan und Abiram. Das sind der Datan und Abiram, die von der Versammlung berufen waren, aber die sich gegen Mose und Aaron auflehnten in der Rotte Korach, als sie sich gegen den Herrn auflehnten. (10) Und die Erde tat ihren Mund auf und verschlang sie mit Korach, während die Rotte starb, in dem das Feuer zweihundertundfünfzig Männer fraß und sie zum Zeichen wurden. (11) Aber die Söhne Korachs starben nicht alle. **(12) Die Söhne Simeons nach ihren Geschlechtern waren**: Jemuël, daher kommt das Geschlecht der Jemuëliter; Jamin, daher kommt das Geschlecht der Jaminiter; Jachin, daher das Geschlecht der Jachiniter kommt; (13) Serach, daher das Geschlecht der Serachiter kommt; Schaul, daher das Geschlecht der Schauliter kommt. **(14) Das sind die Geschlechter von Simeon, 22.200. (15) Die Söhne Gads nach ihren Geschlechter waren**: Zifjon, daher das Geschlecht der Zifjoniter kommt; Haggai, daher das Geschlecht der Haggiter kommt; Schuni, daher das Geschlecht der Schuniter kommt; (16) Osni, daher das Geschlecht der Osniter kommt; Eri, daher das Geschlecht der Eriter kommt;

(17) Arod, daher das Geschlecht der Aroditer kommt; Areli, daher das Geschlecht der Areliter kommt. **(18) Das sind die Geschlechter der Söhne Gads, an Zahl 40.500. (19) Die Söhne Judas waren:** Er und Onan, die beide im Lande Kanaan starben. (20) Es waren aber die Söhne Judas nach ihren Geschlechtern: Schela, daher das Geschlecht der Schelaniter kommt; Perez, daher das Geschlecht der Pereziter kommt; Serach, daher das Geschlecht der Serachiter kommt. (21) Aber die Söhne des Perez waren: Hezron, daher das Geschlecht der Hezroniter kommt; Hamul, daher das Geschlecht der Hamuliter kommt. **(22) Das sind die Geschlechter Judas, an Zahl 76.500. (23) Die Söhne Isaschars nach ihren Geschlechtern waren:** Tola, daher das Geschlechter der Tolaiter kommt; Puwa, daher das Geschlecht der Puwaniter kommt; (24) Jaschub, daher das Geschlecht der Jaschubiter kommt; Schimron, daher das Geschlecht der Schimroniter kommt. **(25) Das sind die Geschlechter Isaschars, an Zahl 64.300. (26) Die Söhne Sebulons nach ihren Geschlechtern waren:** Sered, daher das Geschlecht der Serediter kommt; Elon, daher das Geschlecht der Eloniter kommt; Jachleel, daher das Geschlecht der Jachleeliter kommt. **(27) Das sind die Geschlechter Sebulons, an Zahl 60.500. (28) Die Söhne Josefs nach ihren Geschlechtern waren: Manasse und Ephraim. (29) Die Söhne Manasses aber waren:** Machir, daher kommt das Geschlecht der Machiriter; Machir zeugte Gilead, daher kommt das Geschlecht der Gileaditer. (30) Dies sind die Söhne Gileads: Ieser, daher kommt das Geschlecht der Ieseriter; Helek, daher kommt das Geschlecht der Helekiter; (31) Asriël, daher kommt das Geschlecht der Asriëliter; Sichem, daher kommt der Geschlecht der Sichemiter; (32) Schemida, daher kommt das Geschlecht der Schemidaiter; Hefer, daher kommt das Geschlecht der Heferiter. (33) Zelofhad aber war Hefers Sohn und hatte keine Söhne, sondern Töchter; die hießen Machla, Noa, Hogla, Milka und Tirza. **(34) Das sind die Geschlechter Manasses, an Zahl 52.700. (35) Die Söhne Ephraims**

nach ihren Geschlechtern waren: Schutelach, daher kommt das Geschlecht der Schutelachiter; Becher, daher kommt das Geschlecht der Becheriter; Tahan, daher kommt das Geschlecht der Tahaniter. (36) Die Söhne Schutelachs aber waren: Eran, daher kommt das Geschlecht der Eraniter. **(37) Das sind die Geschlechter der Söhne Ephraims, an Zahl 32.500. Das sind die Söhne Josefs nach ihren Geschlechtern. (38) Die Söhne Benjamins nach ihren Geschlechtern waren:** Bela, daher kommt das Geschlecht der Belaiter; Aschbel, daher kommt das Geschlecht der Aschbeliter; Ahiram, daher kommt das Geschlecht der Ahiramiter; (39) Schufam, daher kommt das Geschlecht der Schufamiter; Hufam, daher kommt das Geschlecht der Hufamiter. (40) Die Söhne Belas aber waren: Ard und Naaman, daher kommt das Geschlecht der Arditer und Naamaniter. **(41) Das sind die Söhne Benjamins nach ihren Geschlechtern, an Zahl 45.600. (42) Die Söhne Dans nach ihren Geschlechtern waren:** Schuham, daher kommt das Geschlecht der Schuhamiter. Das sind die Geschlechter Dans nach ihren Geschlechtern. **(43) Alle Geschlechter der Schuhamiter waren an Zahl 64.400. (44) Die Söhne Assers nach ihren Geschlechtern waren**: Jimna, daher kommt das Geschlecht der Jimniter; Jischwi, daher kommt das Geschlecht der Jischwiter; Beria, daher kommt das Geschlecht der Beriiter. (45) Aber die Söhne Berias waren: Heber, daher kommt das Geschlecht der Heberiter; Malkiël, daher kommt das Geschlecht der Malkiëliter. (46) Und die Tochter Assers hieß Serach. **(47) Das sind die Geschlechter der Söhne Assers, an Zahl 53.400. (48) Die Söhne Naphtalis nach ihren Geschlechtern waren**: Jachzeel, daher kommt das Geschlecht der Jachzeeliter; Guni, daher kommt das Geschlecht der Guniter; (49) Jezer, daher kommt das Geschlecht der Jezeriter; Schillem, daher kommt das Geschlecht der Schillemiter. **(50) Das sind die Geschlechter von Naphtali nach ihren Sippen, an Zahl 45.400. (51) Das ist die Summe der Israeliten, 601.730.**

5. Mose 10: (22) Deine Väter zogen gen hinab nach Ägypten mit siebzig Seelen; aber nun hat dich der Herr, dein Gott, zahlreich gemacht wie die Sterne am Himmel.

Praktisch gesehen

Zunächst möchte ich Ihnen einmal ein paar Gedanken über die Größe des Lagerplatzes weitergeben. Ich hatte Ihnen ja schon von dem Architekten Conrad Schick erzählt. Dieser beschäftigte sich viele Jahre mit der Stiftshütte aus der Sicht eines Architekten. So errechnet er auch die Größe des Lagerplatzes.

Nach einigen Recherchen war er der Überzeugung, daß der Lagerplatz quadratisch gewesen sein müßte. Diese Angaben kann man nicht dem Bibeltext entnehmen. Durch Bibelstudium und zahlreiche Vergleiche kam er zu diesem Schluß. Aufgrund weiterer Berechnungen ermittelte Schick, daß eine Kantenlänge dieses Lagers 12.000 Ellen (= 5.600 m) lang wäre. Stellen Sie sich bitte einmal die Fläche von 5,6 km mal 5,6 km = 31,36 km^2 vor. Manch eine Kleinstadt würde darin verschwinden.

Nachdem nun die Größe des Lagerplatzes beschrieben wurde, ist natürlich als nächstes die Personenzahl des Volkes Israel interessant. Auch hier gibt es Angaben aus der Bibel. In diesen Texten wird berichtet, daß damals das Volk Israel aus 603.550 Mann bestand. Das ist schon mal eine stattliche Anzahl. Nur hat sie einen kleinen Makel. Einige Verse weiter steht, daß in den Stämmen alle wehrfähigen Männer ab dem 20. Lebensjahr gezählt wurden (4. Mose 1, 2–3), keine Frauen, Kinder und nicht wehrfähige Männer. Weder Frauen noch Kinder noch „Omas und Opas“ wurden mitgezählt. Ich wollte mehr darüber wissen. Also zückte ich mal wieder meinen Taschenrechner und begann. Als erstes erhielt jeder wehrfähige Mann von mir eine Frau. Zur damaligen Zeit hatten die Männer zwar manchmal mehrere Frauen, aber ich möchte mal unsere europäische Version der Einehe umsetzen. Also, jeder Mann erhielt eine Frau. Des weiteren gab ich jeder Familie vier Kinder. Auch das ist sehr gering gerechnet. Nicht nur, daß im Orient Kinder viel bedeuten (sie sind die Altersversorgung der Eltern), sondern beispielsweise hatte allein Jakob zwölf Söhne. Von den Töchtern wird nicht viel berichtet. Also, Sie sehen, auch hier bin ich ganz vorsichtig. Jede Familie erhielt somit von mir vier Kinder. Was meinen Sie, was dabei herauskam? Ich war selbst erstaunt. 3.700.000 Menschen hatte nach dieser Berechnung das Volk Israel. Zum Vergleich hat meines Wissens nach die Schweiz zur Zeit ca. 6.500.000 Einwohner. Also war das Volk Israel ungefähr so groß wie die halbe Schweizer Bevölkerung. (Übrigens, die genaue Berechnung dieser Zahlen können Sie im Anhang 5 finden. – 5. Mose 10, 22).

Aber das war noch längst nicht alles. Dazu kamen ja noch die Leviten. Diese wurden gesondert gezählt. Aufgrund ihrer besonderen Stellung wurden bei ihnen andere Wege der Zählung begangen. Jeder Mann des Stammes Levi, also der Merariter, der Kehathiter und der Gersoniter, war bis zum vollendeten 25. Lebensjahr ein normaler Bürger seines Stammes. Mit seinem 25. Geburtstag wurde er ausgebildet. Diese Ausbildung dauerte genau fünf Jahre und wurde mit seinem 30. Geburtstag abgeschlossen. Näheres beschrieb ich ja schon in Kapitel 10. Diese Zahlen kommen also noch hinzu.

Um Ihnen zu zeigen, daß diese Zahlen alle sehr vorsichtig ermittelt wurden, möchte ich noch eine Bibelstelle hinzufügen. In 2. Mose 12, 37 ff wird u.a. berichtet, daß „viel fremdes Volk mit ihnen war". Also, das waren noch mal zigtausend Personen.

Stellen Sie sich jetzt mal folgendes vor. Auf der Fläche einer Kleinstadt, 31,36 km^2, wohnt die Bevölkerung der halben Schweiz. Aber nicht nur, daß so viele Menschen dort wohnen, ist so ungewöhnlich, bedenken Sie bitte auch eins: Das Volk Israel wohnte nicht in Hochhäusern mit 20 Stockwerken, sondern in Zelten! Umgerechnet macht das ca. 8 m^2 pro Bewohner aus. Nimmt man jetzt noch die Flächen für Wege und Viehställe weg, so bleiben nur noch ungefähr 2–3 m^2 pro Bewohner übrig. Also, das ist nicht gerade sehr viel!

23. Vor und nach dem Bau der Stiftshütte

	Jakob und Brüder kamen nach Ägypten / lebten dort 430 Jahre / wollten zurück, Ägypter ließen sie nicht / 10 Plagen über Ägypten, Israel blieb verschont.
2. Mose 1, 5	das Volk Israel kam nach Ägypten mit ca. 70 Personen
2. Mose 12, 40	430 Jahre in Ägypten,
2. Mose 17, 8	Kampf mit den Amalekitern
2. Mose 20, ff	10 Gebote
2. Mose 21, 1–23, 19	Rechtsordnungen Grenzen: Schilfmeer bis Philistermeer, Wüste bis Euphratstrom
2. Mose 25–31	Gesetze für die Stiftshütte
2. Mose 40, 34 ff	Die Wolkensäule erscheint das erste Mal.
3. Mose 8, 6–8	Mose „inthronisiert" Aaron als Hohenpriester
3. Mose 16, 2	Aaron darf nicht täglich in das Heiligtum
4. Mose 1, 18	1. Zählung am 1. Tag, 2. Monat
4. Mose 9, 1–3	1. Passahfeier 14. Tag, 1. Monat, 2. Jahr
4. Mose 9, 11	1. Passahfeier für Unreine, 14. Tag, 2. Monat, 2. Jahr
4. Mose 11, 16–17	70 neue Leiter zur Hilfe Moses
4. Mose 13, 1 + 17	Kundschafter nach Kanaan gesandt
4. Mose 13, 21	Landerkundung Wüste Zin > Rehob > Hamath
4. Mose 14, 34	40 Tage sollen 40 Jahre sein / Mose war 40 Tage auf dem Berg
4. Mose 14, 45	Kampf und Zerstreuung bis nach Horma
4. Mose 17, 14	14.700 Tote durch diese Plage

4. Mose 20, 7	Mose schlägt auf den Fels, Wasser kommt hervor
4. Mose 20, 17	Anfrage für den Durchzug durch das Land der Edomiter
4. Mose 20, 28	Tod Aarons
4. Mose 20, 29	30 Tage Trauer um Aaron
4. Mose 21, 3	Gegend von Horma
4. Mose 21, 23	Kampf gegen die Amoriter: Israel, Ort Jahza
4. Mose 21, 24	Israel gewinnt / Landeinnahme: Arnon bis Jabbok
4. Mose 21, 25	wohnten in Hesbon
4. Mose 21, 32	Kundschafter nach Jasser
4. Mose 25, 9	Durch Plagen wurden 24.000 Menschen getötet.
4. Mose 26, 2	Neue Zählung des Volkes Israel
4. Mose 26, 53–56	Verteilung des Landes durch Los
4. Mose 26, 62	Stamm der Leviten 23.000 Mann
4. Mose 26, 64	Es war kein Mensch mehr am Leben, der am Sinai dabei war.
4. Mose 27, 12	Gott zeigt Mose vom Berg Abarim das Land für Israel
4. Mose 27, 18–23	Amtsübergabe Moses an Josua
4. Mose 32, 1–42	1. Verteilung von Land an Ruben, Gad, Manasse
4. Mose 34, 3–12	Grenze Kanaans: Wüste Zin, Ende Salzmeer

Praktisch gesehen

In Kapitel 21, ein paar Seiten vorher, erzählte ich Ihnen ja einige Begebenheiten rund um die Wanderung des Volkes Israel. In diesem Kapitel möchte ich Ihnen einige Fakten rund um den Bau der Stiftshütte berichten. Da dies auch nur ein paar Fakten sind, die keine Symbolik enthalten, entfällt auch in diesem Kapitel der dritte Teil „Symbolik und Zusammenhang mit dem Neuen Testament“. Denn zuviel in eine Sache hineinzuinterpretieren, ist weder richtig noch biblisch. Ich hatte ja schon vorher darauf hingewiesen.

Nun also zum Bau der Stiftshütte: Jakob und seine Brüder kamen nach Ägypten mit damals etwa 70 Personen. Dabei wurden die ganze Familie und ihre Helfer, auch Sklaven genannt, mitgezählt. Das Volk Israel blieb 430 Jahre in Ägypten und durfte dann nach den zehn Plagen aus Ägypten ausziehen.

Durch das Schilfmeer hindurch ging es in den Süden auf die Sinaihalbinsel. Ach, übrigens, fiel Ihnen eben etwas auf? Ich sagte, daß das Volk Israel durch das Schilfmeer hindurchging. War das nicht das Rote Meer? Tja , „fast richtig", hätte da mein Mathelehrer gesagt, aber warum wohl? Heute kennen wir die Geschichte vom Roten Meer, in der Bibel aber steht nur etwas vom Schilfmeer. Was hat das zu bedeuten? Nach einigem Suchen fand ich eine plausible Erklärung. In der Bibel wird berichtet, daß das Volk Israel durch das Schilfmeer wanderte. Als die Ägypter folgen wollten, kam das Wasser zurück, und die Ägypter ertranken allesamt. Der Begriff Schilfmeer heißt im Englischen „Reed Sea". Die Theorie besagt nun, daß bei der Überlieferung eines Tages aus Versehen beim Wort Reed ein „e" weggelassen wurde. So wurde daraus „Red Sea", was ja bekanntlich „Rotes Meer" heißt. Ob diese Wortänderung wirklich so entstand oder nicht, entzieht sich meiner Kenntnis. Aber dies scheint mir eine nachvollziehbare Erklärung zu sein.

Moses Erlebnisse sind kurz vor dem Bau der Stiftshütte geschehen, als er die Zehn Gebote von Gott erhielt. Der zweite Satz dieser beiden Tafeln wurde in der Bundeslade aufbewahrt.

Direkt nach der Fertigstellung der Stiftshütte wurde das Volk Israel gezählt. Die genauen Zahlenspiele haben Sie schon im Kapitel 22 und Anhang 1 gelesen. Ich möchte sie daher jetzt nicht mehr wiederholen. Interessant ist nur, daß es zwei Aufstellungen der Reihenfolge des Volkes Israel gibt. Der Grund hierfür ist mir nicht bekannt. Nach der Zählung des Volkes Israel konnte das erste Passahfest gefeiert werden. Einige der Bürger waren aber zu diesem Termin unrein. Nach den Gesetzen des 3. Buch Mose durften die Bürger des Volkes Israel nach bestimmten Handlungen an dem Passahfest nicht teilnehmen, da sie unrein wurden. Beispielsweise wurde man durch den Kontakt mit einem Toten unrein. Erst nach einer gewissen Reinigungszeremonie war man wieder rein. Und erst dann durfte man an den religiösen Handlungen teilnehmen. Bei diesem ersten Passahfest durften also einige nicht teilnehmen. Eigens für diese Personen wurde 14 Tage später das Passahfest wiederholt.

Die einzelnen Begebenheiten, die nach der Fertigstellung der Stiftshütte geschahen, werden in den oben genannten Textstellen genau beschrieben. Weitere Erklärungen und Erläuterungen hierzu sprengen den Rahmen dieser Ausarbeitung. Da Sie jetzt schon sehr viel von der Stiftshütte mitbekommen haben, können Sie die weiteren Texte in diesem Sinne weiter erarbeiten. Ich jedenfalls wünsche Ihnen dazu viel Spaß. Zumindest so viel Spaß, wie ich ihn bei der Erarbeitung der Stiftshütte hatte.

24. Wissenswertes und Kurioses

In Abweichung zum bisherigen Vorgehen möchte ich im folgenden etwas anders verfahren. Bis jetzt hatte ich ja zuerst die Bibeltexte vorangestellt, dann die praktische Seite beschrieben und zuletzt die Symbolik vorgestellt. In diesem Kapitel möchte ich Ihnen Wissenswertes und Kurioses rund um die Stiftshütte aufzeigen. Die einzelnen Aspekte haben nicht unbedingt einen theologischen Hintergrund, sind aber zur Abrundung des Themas meiner Meinung nach wichtig und interessant. Ich werde einzelne Punkte vorstellen und sie unter ein Stichwort stellen. Die praktische Betrachtung folgt dann wie gewohnt, und zuletzt nenne ich Ihnen dazu die Bibelstelle, wo Sie den genauen Text nachlesen können. Also viel Spaß beim Entdecken von kuriosen, aber wissenswerten Punkten der Stiftshütte!

Toilettenfrage

Während eines Vortrages wurde ich von einem Zuhörer angesprochen: „Sie haben uns ja nun die Stiftshütte praktisch dargestellt. Ich habe da jetzt aber eine Frage: Das waren doch damals auch Menschen, wo sind die denn auf die Toilette gegangen?“ Nach einigem Suchen konnte ich eine Bibelstelle finden, die diese Frage beantwortet: 5. Mose Kapitel 23, Verse 13–14. Selbst für diese ach so menschlichen Bedürfnisse gab Gott dem Mose und dem Volk Israel klare Anweisungen.

5. Mose 23: (13) Und du sollst draußen vor dem Lager einen Platz haben, wohin du zur Notdurft hinausgehst. (14) Und du sollst eine Schaufel haben, und wenn du dich draußen setzen willst, sollst du damit graben; und wenn du gesessen hast, sollst du zuscharren, was von dir gegangen ist. (15) Denn der Herr, dein Gott, zieht mit dir inmitten deines Lagers, um dich zu erretten und deine

Feinde vor dir dahinzugeben. Darum soll dein Lager heilig sein, daß nichts Schändliches unter dir gesehen werde und er sich von dir wende.

Ursprung der Materialien und Edelmetalle

Es stellt sich natürlich die Frage: Wo hat das Volk Israel all die vielen Stoffe und das viele Gold und die Edelsteine her? Als das Volk Israel in ägyptischer Gefangenschaft war, sollte es nach 400 Jahren ausziehen in Richtung Israel. Der Pharao ließ dies aber nicht zu. Daraufhin kamen die bekannten 10 Plagen über die Ägypter. Nach der 10. Plage gab der Pharao endlich die Erlaubnis, und das Volk Israel konnte losmarschieren. Als das Volk losmarschierte, gab der Pharao den Ägyptern den Befehl, daß jeder dem Volk Israel silbernes und goldenes Geschmeide und Kleider geben mußte. Als nun das Volk auf der Sinai-Halbinsel ankam, gab Gott Mose den Befehl, daß das Volk ihm von seinen Reichtümern spenden sollte. Mit diesen Spenden sollte Mose die Stiftshütte bauen.

2. Mose 3: (21) Auch will ich diesem Volk Gunst verschaffen bei den Ägyptern, daß wenn ihr auszieht, ihr nicht leer auszieht, (22) sondern jede Frau soll sich von ihrer Nachbarin und Hausgenossin silbernes und goldenes Geschmeide und Kleider geben lassen. Die sollt ihr euren Söhnen und Töchtern anlegen und von den Ägyptern als Beute nehmen

2. Mose 11: (2) So sage nun zu dem Volk, daß ein jeder sich von seinem Nachbarn und eine jede von ihrer Nachbarin silbernes und goldenes Geschmeide geben lasse.

2. Mose 25: (1) Und der Herr redete mit Mose und sprach: **(2) Sage den Israeliten, daß sie für mich eine Opfergabe erheben von jedem, der es freiwillig gibt. (3) Das ist aber die Opfergabe, die ihr von ihnen erheben sollt:**

Gold, Silber, Kupfer, (4) blauer und roter Purpur, Scharlach, feine Leinwand, Ziegenhaar, (5) rotgefärbte Widderfelle, Dachsfelle, Akazienholz, (6) Öl für die Lampen, Spezerei zum Salböl und zu wohlriechendem Räucherwerk, (7) Onyxsteine und eingefaßte Steine zum Priesterschurz und zur Brusttasche.

2. Mose 35: (4) Und Mose sprach zu der ganzen Gemeinde der Israeliten: **Dies ist's, was der Herr geboten hat: (5) Erhebt von eurem Besitz eine Opfergabe für den Herrn, so daß ein jeder die Opfergabe für den Herrn freiwillig bringe:** Gold, Silber, Kupfer . . . **(10) Und wer unter euch kunstverständig ist, der komme und mache, was der Herr geboten hat, . . . (21) Und alle, die es gern und freiwillig gaben, kamen und brachten dem Herrn die Opfergabe zur Errichtung der Stiftshütte und für allen Dienst darin und für die heiligen Kleider. (22) Es brachten aber Männer und Frauen freiwillig Spangen, Ohrringe, Ringe und Geschmeide und allerlei goldenes Gerät, ein jeder das Gold, das er zur Gabe für den Herrn bestimmt hatte.** (23) Und wer bei sich blauen und roten Purpur fand, Scharlach, feine Leinwand, Ziegenhaar, rotgefärbte Widderfelle und Dachsfelle, der brachte sie. (24) Und wer eine Opfergabe von Silber und Kupfer geben wollte, der brachte es dem Herrn als Opfergabe. Und wer Akazienholz hatte, der brachte es zu allerlei Verwendung für den Dienst. (25) Und alle Frauen, die diese Kunst verstanden, spannen mit ihren Händen und brachten ihr Gespinst, blauen und roten Purpur, Scharlach und feine Leinwand. (26) Und alle Frauen, die solche Arbeit verstanden und willig dazu waren, spannen Ziegenhaare. (27) Die Stammesfürsten aber brachten Onyxsteine und eingefaßte Steine für den Priesterschurz und die Brusttasche (28) und Spezerei und Öl für den Leuchter und für das Salböl und für das wohlriechende Räucherwerk.

Alter der Stiftshütte

Wie alt ist eigentlich die Stiftshütte geworden? Genau kann man das heutzutage nicht mehr feststellen. Ich fragte einen Theologen, der vor allen Dingen auch gut in den einzelnen Bibelstellen bewandert ist, und der gab einige Hilfen.

In verschiedenen Stellen des Alten Testamentes gibt es Beschreibungen und Erlebnisse rund um die Stiftshütte. Diese habe ich einmal aufgegliedert und untereinander gesetzt:

– Fertigstellung der Stiftshütte	1. Monat, 2.Jahr 2. Mose 40,17
– Wanderung durch die Wüste	+ 39 Jahre; Apostelg. 7,42–44 + 30 Jahre; Josua 24,29
– Lagerung im Tempel Salomos	+ 245 Jahre; 2. Chronik 5,5 = 314 Jahre Gesamtzeit

Nach dieser Aufstellung hätte also die Stiftshütte 314 Jahre existiert. Ein genaues Alter ist aber heute nicht festzustellen.

Finanzierung der Stiftshütte

Wie konnte Mose eigentlich in der nachfolgenden Zeit die Stiftshütte finanzieren bzw. wovon konnten und sollten die Leviten leben? Hierfür sollte eine Steuer erhoben werden. Gott gab Mose auch hier Anweisungen, wie die Steuer zu erheben sei und vor allen Dingen, wieviel Steuern von wem zu zahlen wären. Jeder Mann, der zu einem Stamm gezählt war, mußte einen halben Taler zahlen, unabhängig von seiner Herkunft und seinen Mitteln. Über den Wert und die Kaufkraft dieses Talers kann man heute keine genauen Angaben mehr machen. Uns fehlt jegliche Vergleichsmöglichkeit, an der wir einen Wert ermitteln könnten. So müssen wir uns mit der blanken Aussage begnügen.

2. Mose 30: (11) Und der Herr redete mit Mose und sprach: **(12) Wenn du die Israeliten zählst, so soll ein jeder dem Herrn ein Sühnegeld geben, um sein Leben auszulösen, damit ihnen nicht eine Plage widerfahre, wenn sie gezählt werden. (13) Es soll aber jeder, der gezählt ist, einen halben Taler geben nach dem Münzgewicht des Heiligtums; ein Taler wiegt zwanzig Gramm. Dieser halbe Taler soll als Opfergabe für den Herrn erhoben werden. (14) Wer gezählt ist von zwanzig Jahren an und darüber, der soll diese Opfergabe dem Herrn geben. (15) Der Reiche soll nicht mehr geben und der Arme nicht weniger als den halben Taler als Opfergabe für den Herrn zur Sühnung für euer Leben.** (16) Und du sollst solches Sühnegeld nehmen von den Israeliten und es zum Dienst an der Stiftshütte geben, daß es sei für die Israeliten, zum gnädigen Gedenken vor dem Herrn, zur Sühnung für euer Leben.

Bauabnahme durch Mose

Ja, Sie haben richtig gelesen, Mose „nahm die Stiftshütte ab", so wie wir es heute auch noch von Bauten kennen. Im Unterschied zur heutigen Zeit mußte allerdings damals nicht ein Gesetz oder eine Regelung eingehalten und überprüft werden, sondern Mose kontrollierte, ob alle seine Anweisungen, die er von Gott erhalten hatte, auch umgesetzt waren. Erst nachdem er alles für richtig und korrekt befunden hatte, konnte die Stiftshütte geweiht und eingeweiht werden. Die Fertigstellung der Stiftshütte wurde mit einem großen Fest gefeiert.

2. Mose 39: (32) Also wurde vollendet das ganze Werk der Wohnung der Stiftshütte. Und die Israeliten taten alles, was der Herr dem Mose geboten hatte. (33) Und sie brachten die Wohnung zu Mose: das Zelt und alle seine Geräte,

Haken, Bretter, Riegel, Säulen, Füße; (34) die Decke von rotgefärbten Widderfellen, die Decke von Dachsfellen und den Vorhang, (35) die Lade mit dem Gesetz samt ihren Stangen, den Gnadenthron, (36) den Tisch und alle seine Geräte und die Schaubrote, (37) den Leuchter aus feinem Gold mit den Lampen zum Aufsetzen und all seinem Gerät und das Öl für den Leuchter, (38) den goldenen Altar und das Salböl und das wohlriechende Räucherwerk, die Decke für den Eingang des Zeltes, (39) den kupfernen Altar und sein kupfernes Gitter mit seinen Stangen und seinem ganzen Gerät, das Becken mit seinem Gestell, (40) Die Behänge des Vorhofs mit seinen Säulen und Füßen, die Decke vor dem Tor des Vorhofs mit seinen Seilen und Zeltpflöcken und alles Gerät zum Dienst der Wohnung der Stiftshütte, (41) die Amtskleider des Priesters Aaron für den Dienst im Heiligtum und die Kleider seiner Söhne für den priesterlichen Dienst. (42) Ganz so, wie der Herr es Mose geboten hatte, hatten die Israeliten alle Arbeit ausgeführt. **(43) Und Mose sah dies ganze Werk an, und siehe, sie hatten es gemacht, wie der Herr geboten hatte. Und er segnete sie.**

Aufbau und Einweihung der Stiftshütte

Wenn man bedenkt, daß die gesamte Stiftshütte in nur zehn Monaten hergestellt wurde, ist das schon faszinierend für mich. Höre ich dann zusätzlich, daß sie an nur einem Tag aufgestellt wurde, bin ich einfach begeistert. Dieser Zeitraum steht nicht nur klar beschrieben im Bibeltext, sondern erscheint auch logisch. Hätten damals die Priester immer ca. 14 Tage für den Auf- bzw. Abbau benötigt, wäre die Reise durch die Wüste enorm erschwert worden.

Des weiteren hatte ich Ihnen ja erzählt, daß es den Leviten verboten war, die Gegenstände der Stiftshütte, z.B. die Bundeslade, anzufassen. Aber sie mußten ja erst einmal hergestellt werden. Nachdem also alles hergestellt war, wurde die gesamte Stiftshütte aufgebaut, in nur einem Tag, und dann von Mose gesegnet. Ab diesem Zeitpunkt waren die Stiftshütte und die Geräte, die in ihr standen, heilig. Und erst ab diesem Zeitpunkt galt das Berührungsverbot.

2. Mose 40: (1) Und der Herr redete mit Mose und sprach: **(2) Du sollst die Wohnung der Stiftshütte aufrichten am ersten Tag des ersten Monats.** (3) Und du sollst die Lade mit dem Gesetz hineinstellen und vor die Lade den Vorhang hängen; (4) und du sollst den Tisch hineinbringen und die Schaubrote auflegen und den Leuchter hineinstellen und die Lampen darauf setzen; (5) und du sollst den goldenen Räucheraltar vor die Lade mit dem Gesetz stellen und die Decke in der Tür der Wohnung aufhängen. (6) Den Brandopferaltar aber sollst du außen vor die Tür der Wohnung der Stiftshütte setzen (7) und das Becken zwischen die Stiftshütte und den Altar und Wasser hineintun (8) und den Vorhof ringsherum herstellen und die Decke in der Tür des Vorhofs aufhängen. (9) Und du sollst das Salböl nehmen und die Wohnung und alles, was darin ist, salben und sollst sie weihen mit ihrem ganzen Gerät, daß sie heilig sei. (10) Und du sollst den Brandopferaltar salben mit seinem ganzen Gerät und weihen, daß er hochheilig sei. (11) Und du sollst auch das Becken und sein Gestell salben und weihen. (12) Und du sollst Aaron und seine Söhne vor die Tür der Stiftshütte treten lassen und sie mit Wasser waschen (13) und Aaron die heiligen Kleider anziehen und ihn salben und weihen, daß er mein Priester sei; (14) und du sollst seine Söhne auch herzuführen und ihnen die Untergewänder anziehen (15) und sie salben, wie du ihren Vater gesalbt hast, daß sie meine Priester seien. Und die Salbung sollen sie haben zum ewigen Priestertum von Geschlecht zu Geschlecht. (16) Und Mose tat alles, wie ihm der Herr geboten hatte. (17) Also wurde die Wohnung aufgerichtet im zweiten Jahr am ersten Tage des ersten Monats. (18) Und Mose richtete die Wohnung auf und setzte ihre Füße hin und stellte die Bretter darauf und brachte die Riegel an und richtete die Säulen auf (19) und breitete das Zeltdach aus über der Wohnung und legte die Decke des Zeltes oben drauf, wie der Herr ihm geboten hatte. (20) Und er nahm das Gesetz und legte es in die Lade und tat die Stangen an die Lade und setzte den Gnadenthron oben auf die Lade (21) und brachte die Lade in die Wohnung und hängte den Vorhang auf und verhüllte so die Lade des Gesetzes, wie ihm der Herr geboten hatte, (22) und setzte den Tisch in die Stiftshütte an die Seite der Wohnung nach Norden, außen vor dem Vorhang, (23) und legte die Schaubrote auf vor dem Herrn, wie ihm der Herr geboten hatte, (24) und setzte den Leuchter auch hinein gegenüber dem Tisch an die Seite der Wohnung nach Süden (25) und setzte die Lampen auf vor dem Herrn, wie ihm der Herr geboten hatte. (26) Und er setzte den goldenen Altar hinein vor den Vorhang (27) und räucherte darauf mit wohlriechendem Räucherwerk, wie ihm der Herr geboten hatte, (28) und hängte die Decke in die Tür der Wohnung. (29) Und den Brandopferaltar setzte er vor die Tür der Wohnung der Stiftshütte und opferte darauf Brandopfer und Speisopfer, wie ihm der Herr geboten hatte. (30) Und das Becken setzte er zwischen die Stiftshütte und den Altar und tat Wasser hinein zum Waschen. (31) Und Mose, Aaron und seine Söhne wuschen ihre Hände und Füße darin. (32) Denn sie müssen sich waschen, wenn sie in die Stiftshütte gehen oder hinzutreten zum Altar, wie der Herr es Mose geboten hatte. (33) Und er richtete den Vorhof auf rings um die Wohnung und um den Altar und hängte die Decke in das Tor des Vorhofs. Also vollendete Mose das ganze Werk. (34) Da bedeckte die Wolke die Stiftshütte, und die Herrlichkeit des Herrn erfüllte die Wohnung. (35) Und Mose konnte nicht in die Stiftshütte hineingehen, weil die Wolke darauf ruhte und die Herrlichkeit des Herrn die Wohnung erfüllte.

3. Mose 8: (10) Und Mose nahm das Salböl und salbte das Heiligtum und alles, was darin war, und weihte es, (11) er

sprengte damit siebenmal an den Altar und salbte den Altar mit all seinem Gerät und das Becken mit seinem Gestell, daß alles geweiht würde.

4. Mose 1: (51) Und wenn man weiterzieht, so sollen die Leviten die Wohnung abbrechen. Wenn aber das Heer sich lagert, sollen sie die Wohnung aufschlagen. Und wenn ein Fremder sich naht, so soll er sterben.

Unterschiedliche Wanderaufstellungen

In den Texten gibt es zwei unterschiedliche Aufstellungen der einzelnen Stämme Israels. In diesen zwei Texten gibt es auch zusätzliche Informationen zu den einzelnen Stämmen Israels, die z.T. nur in einem der beiden Berichte stehen. Im Anhang 5 können Sie tabellarisch die Aufstellungen und die Zahlen ersehen.

4. Mose 2: (3) Nach Osten soll sich lagern das Banner des Lagers Juda mit seinen Heerscharen; sein Fürst Nachschon, der Sohn Amminadabs, (4) und sein Heer, 74.600 Mann. (5) Neben ihm soll sich lagern der Stamm Isaschar: sein Fürst Netanel, der Sohn Zuars, (6) und sein Heer, 54.400 Mann. (7) Dazu der Stamm Sebulon: sein Fürst Eliab, der Sohn Helons, (8) und sein Heer, 57.400 Mann – (9) so daß alle, die ins Lager Juda gehören, seien nach ihren Heerscharen zusammen 186.400 Mann. Und sie sollen vornean ziehen. (10) Nach Süden soll sein das Banner des Lagers Ruben mit seinen Heerscharen: sein Fürst Elizur, der Sohn Schedëurs, (11) und sein Heer, 46.500 Mann. (12) Neben ihm soll sich lagern der Stamm Simeon: sein Fürst Schelumiël, der Sohn Zurischaddais, (13) und sein Heer, 59.300 Mann. (14) Dazu der Stamm Gad: sein Fürst Eljasaf, der Sohn Deguëls, (15) und sein Heer, 45.650 Mann – (16) so daß alle, die ins Lager Ruben gehören, seien nach ihren Heerscharen zusammen 151.450 Mann. Und sie sollen die zweiten beim Auszug sein. (17) Danach soll die

Stiftshütte aufbrechen mit dem Lager der Leviten, in der Mitte zwischen den anderen Lagern; und wie sie lagern, so sollen sie auch ausziehen, ein jeder an seinem Platz unter seinem Banner. (18) Nach Westen soll sein das Banner des Lagers Ephraim mit seinen Heerscharen: sein Fürst soll sein Elischama, der Sohn Ammihuds, (19) und sein Heer, 40.500 Mann. (20) Neben ihm soll sich lagern der Stamm Manasse: sein Fürst Gamliël, der Sohn Pedazurs, (21) und sein Heer, 32.200 Mann. (22) Dazu der Stamm Benjamin: sein Fürst Abidan, der Sohn des Gidoni, (23) und sein Heer, 35.400 Mann – (24) so daß alle, die ins Lager Ephraim gehören, seien nach ihren Heerscharen zusammen 108.100 Mann. Und sie sollen die dritten beim Auszug sein. (25) Nach Norden soll sein das Banner des Lagers Dan mit seinen Heerscharen: sein Fürst Ahiëser, der Sohn Ammischaddais, (26) und sein Heer, 62.700 Mann. (27) Neben ihm soll sich lagern der Stamm Asser: sein Fürst Pagiël, der Sohn Ochrans, (28) und sein Heer, 41.500 Mann. (29) Dazu der Stamm Naftali: sein Fürst Ahira, der Sohn Enans, (30) und sein Heer, 53.400 Mann – (31) so daß alle, die ins Lager Dan gehören, seien zusammen 157.600 Mann. Und sie sollen die letzten sein beim Auszug mit ihrem Banner. (32) Dies ist die Summe der Israeliten nach ihren Sippen, Lagern und Heerscharen: 603.550 Mann. (33) Aber die Leviten wurden unter den Israeliten nicht mitgezählt, wie der Herr es Mose geboten hatte.

4. Mose 10: (13) So brachen sie zum ersten Male auf nach dem Worte des Herrn durch Mose, (14) nämlich das Banner des Lagers der Söhne Juda brach zuerst auf, Heerschar nach Heerschar, und über ihr Heer gebot Nachschon, der Sohn Amminadabs. (15) Und über das Heer des Stammes der Söhne Isaschar gebot Netanel, der Sohn Zuars. (16) Und über das Heer des Stammes der Söhne Sebulon gebot Eliab, der Sohn Helons. (17) Dann zerlegte man die Wohnung, und es brachen auf die Söhne Gerson und Merari und trugen die Wohnung. (18) Da-

nach brach auf das Banner des Lagers Ruben, Heerschar nach Heerschar, und über ihr Heer gebot Elizur, der Sohn Schedëurs. (19) Und über das Heer des Stammes der Söhne Simeon gebot Schelumiël, der Sohn Zurischaddais, (20) und Eljasaf, der Sohn Deguëls, über das Heer des Stammes der Söhne Gad. (21) Dann brachen auf die Kehathiter und trugen die heiligen Geräte; und man richtete die Wohnung auf, bis diese nachkamen. (22) Danach brach auf das Banner des Lagers der Söhne Ephraim, Heerschar nach Heerschar, und über ihr Heer gebot Elischama, der Sohn Ammihuds, (23) und Gamliël, der Sohn Pedazurs, über das Heer des Stammes der Söhne Manasse, (24) und Abidan, der Sohn des Gidoni, über das Heer des Stammes der Söhne Benjamin. (25) Danach brach auf das Banner des Lagers der Söhne Dan als letztes aller Lager, Heerschar nach Heerschar, und Ahiëser, der Sohn Ammischaddais, gebot über ihr Heer, (26) und Pagiël, der Sohn Ochrans, über das Heer des Stammes der Söhne Asser, (27) und Ahira, der Sohn Enans, über das Heer des Stammes der Söhne Naftali. (28) So brachen die Israeliten auf, Heerschar nach Heerschar.

Opfergaben der Priester

Ich hatte Ihnen ja schon in Kapitel 10 einiges über die Priester erzählt. Die Priester mußten stellvertretend für die Menschen der Stämme Israels die Opferhandlungen vornehmen. Wie stand es aber mit ihren eigenen Opfergaben? Mußten sie denn auch opfern? Da kann ich nur mit einem klaren Ja antworten. In 3. Mose 6, 12–14 wird berichtet, wie ein Priester wann ein Opfer zu bringen hatte.

3. Mose 6: (12) Und der Herr redete mit Mose und sprach: **(13) Dies soll das Opfer Aarons und seiner Söhne sein, das sie dem Herrn opfern sollen am Tage ihrer Salbung: ein zehntel Scheffel feinstes Mehl, das tägliche**

Speisopfer, die eine Hälfte morgens, die andere abends. (14) In der Pfanne sollst du es mit Öl bereiten; durchgeröstet sollst du es herbeibringen, und in Stücke gebrochen sollst du es opfern zum lieblichen Geruch für den Herrn.

Was tun mit zu vielen Spenden?

Sie meinen jetzt wohl, daß ich damit eine rhetorische Frage gestellt oder einen Scherz gemacht hätte? Da muß ich Sie leider enttäuschen, dem ist nicht so. Was war geschehen? Gott gab Mose den Auftrag, vom Volk Israel Spenden einzusammeln, um die Stiftshütte bauen zu können. Gesagt, getan. Aber nach einiger Zeit kamen die Handwerker zu Mose und klagten ihr Leid: „Das Volk bringt zu viel, mehr als zum Dienst dieses Werkes nötig." (2. Mose 36, 5b) Da mußte Mose natürlich eine Lösung finden; denn es sollte sich ja niemand persönlich daran bereichern. Mose trat vor das Volk Israel und wies sie an, nichts mehr zu spenden, da sie genug Material hatten. Stellen Sie sich heute mal einen Spendenaufruf vor. Haben Sie dabei schon einmal erlebt, daß nach einer bestimmten Zeit der Spendenstrom gestoppt werden mußte, weil schon genügend zusammengekommen war? Also, ehrlich gesagt, ich habe so etwas noch nicht mitbekommen. Warum gibt es heute so etwas nicht mehr? Sind unsere Ziele so groß oder sucht jemand dabei als einzelner sein persönliches Glück? Ich weiß es nicht.

2. Mose 36: (4) Da kamen alle Künstler, die am Werk des Heiligtums arbeiteten, ein jeder von der Arbeit, die er machte, (5) und sprachen zu Mose: **Das Volk bringt zu viel, mehr als zum Dienst dieses Werkes nötig ist, das der Herr zu machen geboten hat. (6) Da gebot Mose, daß man durch Lager rufen ließe: Niemand, weder Mann noch Frau, soll hinfort noch etwas bringen als Opfergabe für das Heiligtum.** Da brachte das Volk nichts mehr. (7) Denn es war genug gebracht worden zu allen Arbeiten, die zu machen waren, und es war noch übrig geblieben.

Warum 12 Stämme Israels?

Bei den einzelnen Stämmen Israels kommt Ihnen vielleicht eine Frage auf, ich weiß nicht? Als ich mich so einlas, stolperte ich über die Anzahl der Stämme des Volkes Israels. Diese waren ja die Nachkommen Jakobs. Er hatte zwölf Söhne. Tut mir leid, meine Leserinnen, aber damals wurden leider nur die Männer gezählt! Dafür kann ich wirklich nichts! Also damals hatte Jakob zwölf Söhne, und es gibt 13 Stämme Israels (12 Stämme plus die Leviten). Warum wird aber nirgends der elfte Sohn, Josef, genannt? Ganz einfach. Josef wurde ja von seinen Brüdern nach Ägypten verkauft. Nachdem er nach Jahren seine Familie wieder traf, blieb er aber weiter in Ägypten. Läßt man also den Josef bei der Zählung wegfallen, so sind es nur noch elf Söhne bzw. Stämme Israels. Nach etwas Suchen fand ich die Lösung: Josef hatte wiederum zwei Söhne, Manasse und Ephraim. Sehen Sie, und diese Namen kommen uns inzwischen irgendwie bekannt vor. Für Josef stehen die Stämme Manasse und Ephraim, und schon ergibt es wieder 13 Stämme Israels.

4. Mose 26: (28) Die Söhne Josefs nach ihren Geschlechtern waren: Manasse und Ephraim.

Dauer des Aufbaus der Stiftshütte

Man kann sich kaum vorstellen, wie der Aufbau der Stiftshütte vor sich ging. In 2. Mose 40, 17 steht genau die Zeitangabe: Am ersten Tag des ersten Monats im zweiten Jahr, d.h. sie wurde an einem Tag aufgebaut! Stellen Sie sich das einmal vor! Nicht nur, daß die Stiftshütte an einem Tag aufgebaut wurde. Auch der erste Aufbau, der ja normalerweise etwas länger dauert, da man noch nicht so viel Übung hat, dauerte nur einen Tag. Ich finde das eine tolle Leistung.

2. Mose 40: (2) Du sollst die Wohnung der Stiftshütte aufrichten am ersten Tag des ersten Monats . . . (17) Also wurde die Wohnung aufgerichtet im zweiten Jahr am ersten Tage des ersten Monats.

Dauer der Erstellung der Stiftshütte

Wenn wir jetzt schon so viele Termine und Zeiträume genannt haben, darf natürlich einer nicht fehlen: Wie lange dauerte es eigentlich damals, die Stiftshütte überhaupt zu bauen? Nimmt man die Termine, die genannt werden, ergibt sich ein Zeitraum von 10 Monaten! Nun aber erst mal zu den Terminen: In 2. Mose 19, 1 wird beschrieben, daß das Volk Israel am ersten Tag des dritten Monats im ersten Jahr am Sinai ankam. Die Einweihung wurde am ersten Tag des ersten Monats im zweiten Jahr gefeiert. Daraus ergibt sich ein Zeitraum von 10 Monaten. Bedenken Sie dabei aber, daß alles ohne Ausnahme mit der Hand hergestellt werden mußte. Die Akazienbäume mußten gefällt und bearbeitet, die Teppiche usw. hergestellt werden.

2. Mose 19: (1) Am ersten Tag des dritten Monats nach dem Auszug der Kinder Israel aus Ägyptenland, genau auf den Tag, kamen sie in die Wüste Sinai.

2. Mose 40: (17) Also wurde die Wohnung aufgerichtet im zweiten Jahr am ersten Tage des ersten Monats.

Weihe der Priester

Bei der Weihe der Priester mußten sie sich das rechte Ohrläppchen, den rechten Daumen und den großen Zeh am rechten Fuß mit Opferblut bestreichen. Die Bedeutung kann heute nicht mehr genau nachvollzogen werden. Nach einigen Recherchen fand ich eine Definition, die mir persönlich am plausibelsten ist. Die Priester weihten durch das Opferblut die drei Körperteile, denen wichtige Tätigkeiten zufielen, die in Zukunft erledigt werden mußten: Das Ohr, da sie hören mußten (Sünden des Volkes Israel), die Hand, da sie zugreifen mußten und den Fuß, da sie ja die Stiftshütte tragen mußten.

2. Mose 29: (19) Den andern Widder aber sollst du nehmen, und Aaron und seine Söhne sollen ihre Hände auf seinen Kopf legen, **(20) und du sollst ihn schlachten und von seinem Blut nehmen und es Aaron und seinen Söhnen an das rechte Ohrläppchen streichen und an den Daumen ihrer rechten Hand und an die große Zehe ihres rechten Fußes;** und du sollst das Blut ringsum an den Altar sprengen.

Meldesystem „à la Mose"

Wir haben ja nun schon einiges vom Volk Israel und der Stiftshütte gehört und gelernt. Eine Frage stellte sich mir aber noch: In Kapitel 22 über die Größe des Volkes Israel beschrieb ich Ihnen, daß das Volk Israel aus mindestens 3,7 Millionen Menschen bestand. Wenn sich nun die Rauchsäule bzw. die Feuersäule über der Stiftshütte bewegte, so war das das Zeichen Gottes, daß die Reise jetzt weiterging. Mein Problem ist nur: Wie hat denn eigentlich der einzelne Bürger des Lagers erfahren, daß es jetzt losging? Denn so etwas wie Funkgeräte, Radio oder Lautsprecheranlagen gab es damals ja nicht. Also was tun?

Ich habe es zwar schon fast erwartet, war aber dennoch sehr überrascht. Auch hierfür hat Gott gesorgt. Wie? – Ganz einfach. Es wurden Trompeter eingesetzt, die bestimmte Signale blasen mußten. Je nachdem ob die Trompeten einzeln, zusammen, einmal oder mehrmals bliesen, war dies ein Zeichen für das Volk. Diese Trompeten-Signale waren bekannt, und jeder im Lager wußte dann genau, was zu tun war. Ich finde dieses einfache Modell sehr praktisch und gut, oder?

4. Mose 10: (1) Und der Herr redete mit Mose und sprach: **(2) Mache dir zwei Trompeten von getriebenem Silber und gebrauche sie, um die Gemeinde zusammenzurufen und wenn das Heer aufbrechen soll. (3) Wenn man mit beiden bläst, soll sich bei dir versammeln die ganze Gemeinde vor der Tür der Stiftshütte. (4) Wenn man nur mit einer bläst, so sollen sich bei dir versammeln die Fürsten, die Häupter über die Tausende in Israel. (5) Wenn ihr aber laut trompetet, so sollen die Lager aufbrechen, die nach Osten zu liegen. (6) Und wenn ihr zum zweiten Mal laut trompetet, so sollen die Lager aufbrechen, die nach Süden zu liegen. Denn wenn sie weiterziehen sollen, so sollt ihr laut trompeten. (7) Wenn aber die Gemeinde zu versammeln ist, sollt ihr nur blasen und nicht laut trompeten.** (8) Es sollen aber blasen mit den Trompeten die Söhne Aarons, die Priester; und das soll eine ewige Ordnung sein für euch und eure Nachkommen. **(9) Wenn ihr in den Krieg zieht in eurem Lande gegen eure Feinde, die euch bedrängen, so sollt ihr laut trompeten mit den Trompeten, daß euer gedacht werde vor dem Herrn, eurem Gott, und ihr errettet werdet vor euren Feinden. (10) Desgleichen, wenn ihr fröhlich seid an euren Festen und an euren Neumonden, sollt ihr mit den Trompeten blasen bei euren Brandopfern und Dankopfern, damit euer Gott an euch denke.** Ich bin der Herr, euer Gott.

25. Die Stiftshütte aus der Sicht des NT

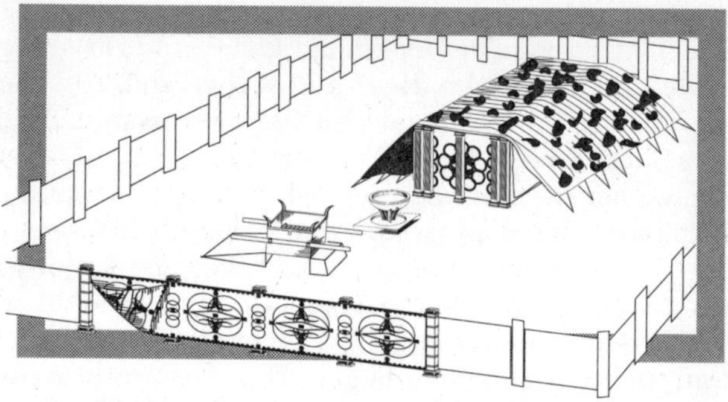

Bisher konnte ich Ihnen die Stiftshütte sehr praktisch und persönlich vorstellen. Ich hoffe, daß Ihnen die Ausführungen etwas gebracht haben. Am Ende einer Bibelwoche über die Stiftshütte tauschten wir uns am letzten Abend kurz über die einzelnen Abende aus. Eine Zuhörerin erzählte dabei, daß sie schon einige Male Beschreibungen über die Stiftshütte zu lesen begonnen hätte. Meistens schlief sie bereits beim dritten Kapitel ein. Sofort fragte ich sie, wie sie denn jetzt dazu stände. Sie meinte nur: „Gestern habe ich schon vier Kapitel geschafft!“ Und genau das wünsche ich Ihnen. Die Stiftshütte sollte am Ende dieser Ausarbeitung kein Buch mit sieben Siegeln mehr für Sie sein. Nachdem Sie nun die einzelnen Fakten und Daten über die Stiftshütte erfahren haben, möchte ich noch etwas mehr auf die heutige Bedeutung eingehen und Ihnen das Ganze damit noch näher bringen.

Was hat die Stiftshütte von Mose mit unserem Glauben von heute zu tun? Stellen Sie sich bitte kurz vor, Sie möchten mit Gott in der Stiftshütte Kontakt aufnehmen. Wie soll das gehen? Es gibt nur einen Eingang, keinen Notausgang und keine Fenster. Und nur durch diesen einen Eingang können Sie in die Stiftshütte eintreten. Dieser Eingang ist für uns Jesus Christus. Nur durch ihn können wir Kontakt mit Gott aufnehmen. Er sagt: „Ich bin der Weg, die Wahrheit und das Leben, niemand kommt zum Vater denn durch mich." (Johannes-Evangelium Kapitel 14, Vers 6)

Nun stehen wir im Vorhof, vor dem Brandopferaltar. Dort wurde, je nach Schwere der Sünde, ein bestimmtes Tier geopfert. Für unsere Schuld ist Jesus Christus am Kreuz gestorben. Er nahm stellvertretend unsere Schuld und Sünde auf sich und starb dafür. Wenn Sie Jesus als Tür zu Gott erkannt haben, haben Sie den ersten Schritt getan. Nun folgt der zweite. Wenn Sie für sich erkannt haben, daß Jesus auch für *Ihre* Schuld und Sünden gestorben ist, haben Sie bereits den Brandopferaltar erreicht. Die Opfergesetze, die im 3. Mose stehen, brauchen Sie nicht mehr zu befolgen. Denn Jesus hat sich ja für Sie geopfert, stellvertretend für Sie. Nun haben Sie den wichtigsten Schritt bewältigt. Aber wie geht es weiter?

Sie stehen jetzt vor dem Waschbecken. Dort mußten sich die Priester mehrmals täglich die Hände symbolisch von den Sünden des Volkes Israels reinigen. Auch Sie müssen die Sünden, die Sie täglich begangen haben, immer wieder neu bereinigen. Auch wenn Sie die Schritte bis jetzt gegangen sind, kommen Sie nicht darum herum. Eine tägliche Reinigung von Ihren Sünden ist immer wieder notwendig. Des weiteren haben sich die Priester auch die Füße reinigen müssen, bevor sie in das Heiligtum eintreten durften. Nur durch eine regelmäßige Reinigung können Sie weiterkommen. Im 1. Johannesbrief Kapitel 1, Vers 9 steht: „Wenn wir aber unsere Sünden bekennen, so ist er treu und gerecht, daß er uns die Sünden vergibt und reinigt uns von aller Untugend."

Nun haben Sie sich schon in das Heiligtum vorgearbeitet. Sie sind schon ganz nah an Ihrem Ziel, der Gegenwart Gottes. Im Heiligtum sollten Sie sich aber noch ein paar Gedanken machen.

Der Leuchter steht für die Aussage Jesu: „Ich bin das Licht für die Welt“ (Kapitel 17). Das bedeutet für Sie, daß Jesus nicht nur ein Licht, sondern *das* Licht ist. Er sagt: „Wer mir nachfolgt, der wird nicht wandeln in der Finsternis, sondern wird das Licht des Lebens haben.“ (Johannes-Evangelium Kapitel 8 Vers 12).

Der Schaubrottisch (Kapitel 14) stellt das „Brot des ewigen Angesichts“ dar. Ein weiterer Punkt, der Ihnen zeigt, daß Jesus das Brot des Lebens ist.

Er sagt: „Ich bin das Brot des Lebens. Wer zu mir kommt, den wird nicht hungern; und wer an mich glaubt, den wird nimmermehr dürsten.“ (Johannes-Evangelium Kapitel 6, Vers 35) Sie sind nie allein.

Wenn Sie jetzt im Heiligtum stehen, kommt mit Recht Ihre Frage, wie Sie nun mit Gott Kontakt aufnehmen sollen. Denn zwischen Ihnen und Gott ist ja noch der große Trennvorhang zwischen dem Heiligtum und dem Allerheiligsten.

Im Prinzip haben Sie das richtig erkannt. Aber nur im Prinzip. Denn als Jesus am Kreuz starb, geschah etwas Besonderes:

Im Matthäusevangelium, Kapitel 27 in den Versen 50–51 steht: „Aber Jesus schrie abermals laut und verschied. Und siehe da, der Vorhang im Tempel zerriß in zwei Stücke von obenan bis untenaus“.

Wissen Sie, was das für Sie und mich bedeutet? Der letzte Trennvorhang zwischen uns und Gott wurde durch den Tod Jesu zerrissen. Es gibt keine räumliche Trennung mehr zwischen uns und Gott. Und bedenken Sie noch eines: Der Teppich wurde von oben nach unten zerrissen. Versuchen Sie mal ein Blatt Papier zu zerreißen, indem Sie es unten anfassen und dann von oben her einreißen. Das ist schlicht und ergreifend unmöglich. Also mußte bei diesem Vorhang Gott eingegriffen haben, denn nur er konnte den Teppich in der Stiftshütte von oben her einreißen lassen.

Wenn Sie nun diese einzelnen Schritte absolviert haben, kann ich Sie nur beglückwünschen. Nun stellt sich aber eine Frage: Wenn Sie diesen Schritt hinter sich haben und haben wieder eine Sünde begangen, müssen Sie dann wieder von vorne beginnen?

Da kann ich nur sagen: „Nein!" Das müssen Sie nicht. Denn Sie haben ja für sich angenommen und akzeptiert, daß Jesus Christus der einzige Weg zu Gott ist und stellvertretend für Ihre Sünden gestorben ist. Das müssen Sie nicht mehr wiederholen. Aber Ihre Sünden müssen Sie immer wieder bereinigen, sprich, Sie müssen ans Waschbecken gehen. Wenn Sie Ihre Sünden bereinigt haben, können Sie wieder ins Heiligtum. Ein Jugendlicher meinte einmal zu mir: „Dann muß ich ja immer wieder zwischen Waschbecken und Heiligtum hin und her laufen."

Richtig. Mehr müssen Sie dann nicht mehr tun.

Sie haben bis jetzt schon viel „geleistet“. Herzlichen Glückwunsch! Ich möchte jetzt mit einer ganz persönlichen Frage abschließen: Sie kennen jetzt die Stiftshütte. Auch die Bedeutung für uns heute ist Ihnen bekannt. Meine Frage an Sie lautet nun: Wo stehen Sie in diesem Modell? Stehen Sie vor dem Trennvorhang vor der Stiftshütte oder im Eingang? Haben Sie schon den Brandopferaltar erreicht? Stehen Sie am Waschbecken, oder sind Sie schon im Heiligtum? Ist der Vorhang zum Allerheiligsten für Sie schon zerrissen, oder ist er noch ganz? Wie wirkt sich Ihr Platz in der Stiftshütte auf Sie persönlich aus? In Ihrer Familie, bei Kollegen und Freunden?

Ich möchte Sie jetzt am Schluß ermutigen, einmal über diese Fragen nachzudenken und sich über das Gelesene weitere Gedanken zu machen. Gott hat den Weg der Erlösung des Menschen von seiner Schuld und Sünde eindrucksvoll in der Stiftshütte im Volk Israel dargestellt. In Jesus Christus haben sich alle Aufgaben und Teile der Stiftshütte sowie die Stiftshütte als Ganzes erfüllt. Deshalb brauchen wir heute nicht mehr den Opferdienst des 3. Buches Mose. Jesus wurde das vollkommene Opfer, von dem es im Johannes-Evangelium Kapitel 1, Vers 29 heißt: „Siehe, das ist Gottes Lamm, welches der Welt Sünde trägt.“

Weiter steht im Hebräerbrief Kapitel 10, Vers 18: „Wo aber Vergebung der Sünde ist, da geschieht für sie kein Opfer mehr.“

Ich hoffe, Ihnen plausibel dargestellt zu haben, daß die Stiftshütte und die gesamte Bibel auch heute noch für Sie ganz persönlich, aktuell und praktisch bedeutsam ist und Ihnen weiterhelfen wird. Ich bin jedenfalls davon überzeugt und kann die Auseinandersetzung mit der Bibel nur sehr empfehlen.

Schlußwort

Ja, wir haben es geschafft! War der „Krimi“, den ich Ihnen am Anfang versprochen habe, nicht interessant? So haben Sie die Bibel bestimmt noch nicht oft betrachtet. Ich jedenfalls habe durch die Beschäftigung mit der Stiftshütte viel gelernt.

Bei einem meiner Besuche bei unserem Stadtbrandmeister (Sie wissen noch, der vom Brandopferaltar) sagte mir dieser einen interessanten Satz: „Ich hätte nicht gedacht, daß die Bibel so aktuell und modern ist. Und daß ich auch als Feuerwehrmann noch etwas zu meinem Beruf darin finden würde, hätte ich nicht erwartet.“ Testen auch Sie das einmal. Sie werden eine Überraschung erleben. Garantiert!

Jetzt hoffe ich, daß Sie die Stiftshütte einmal auf ungewohnte Art und Weise kennengelernt haben, viel Spaß dabei hatten und nebenbei eine etwas andere Bibelarbeit, die hoffentlich nicht langweilig war, erlebt haben. Mir hat die Ausarbeitung Spaß gemacht, und ich bin mehr denn je von der Bibel begeistert. Sie haben es vielleicht auch schon gemerkt. Und eine Überraschung habe ich selbst erlebt: Ich hätte nie daran gedacht, daß ein Thema des Alten Testamentes so interessant und aktuell für mich und meinen Glauben sein könnte.

Nun zum Schluß wünsche ich Ihnen alles Gute und Gottes Segen. Vielleicht treffen wir uns einmal, ich freue mich schon jetzt darauf.

Und viel Spaß, wenn Sie sich mal selbst an einen neuen „Krimi“ wagen. Nur Mut!

Ihr
Johannes Hoppe

Anhang

In diesem Anhang sind Aufstellungen und Listen enthalten, die für einen besseren Überblick über die Stiftshütte sorgen. Alle Angaben werden mit Bibelstellen belegt.

1. Die Stiftshütte in Zahlen

Anzahl/ Bezeichnung		2. Mose	Größe/Gewicht (biblische Angaben)
Gold (1 kg = 24.150,– DM):			
1	Leuchter	25, 39	1 Zentner
1	Gnadenthron	25, 17	
1	Ephod	28, 16	1 Spanne x 1 Spanne
	Vergoldung		
	Gold, gesamt	38, 24	29 Zentner, 730 Lot
Silber (1 kg = 402,50 DM):			
100	Silberfüße	38, 27	je 1 Zentner
60	Silberkappen	27, 17	
(600)	Silberringe	27, 10	
	Silber, gesamt	38, 25	100 Zentner, 1.775 Lot
Kupfer (100 kg = 486,50 DM):			
60	Kupferfüße	27, 10	
250	Kupferplatten	4. Mose 16, 28	
1	Waschbecken	30, 18–21	
(145)	Zeltpflöcke	27, 19	
	Kupfer, gesamt	38, 29	70 Zentner, 2.400 Lot
Edelsteine:			
1	Sarder	28, 15–21	
1	Topas	28, 15–21	
1	Smaragd	28, 15–21	
1	Rubin	28, 15–21	
1	Saphir.	28, 15–21	
1	Diamant	28, 15–21	
1	Lynkurer	28, 15–21	
1	Achat	28, 15–21	
1	Amethyst	28, 15–21	
1	Türkis	28, 15–21	
3	Onyx	28 ,15–21	
1	Jaspis	28 ,15–21	

(Stand 1. 1. 1995)

Größe/Gewicht (heute)	Gesamt-gewicht	DM-Betrag einzeln	DM-Betrag total
36 kg A: 1,15 m (L) x 0,69 m (B) x 0,05 m (H) 0,23 m (L) x 0,23 m (B) x A: 0,005 m (H)		869.400,—	
1.044 kg + 8,76 kg	1.052,76		25.424.154,—
36 kg A: 36 kg	3.600	1.449.000,—	
3.600 kg + 21,3 kg	3.621,30		1.457.573,30
A: 36 kg	2.160	10.508,40	
2.520 kg + 28,8 kg	2.548,80		12.399,90
		41,— 83,— 156,— 202,— 200,— 346,— 33,— 38,— 66,— 63,— 30,— 37,—	

Anzahl/m³ Bezeichnung	**2. Mose**	**Größe/Gewicht (biblische Angaben)**
Akazienholz ($1m^3$ = 2.035,50 DM):		
60 Säulen	27	
1 Brandopferaltar	27, 1	5 E (B) x 5 E (L) x 3 E (H)
48 Bretter	26, 16	10 E (L) x 1,5 E (B) A: 1 E (D)
9 Säulen	26, 32	A: 10 E (L) x 0,5 E (B) A: 0,5 E (D)
1 Schaubrottisch	25, 23	2 E (L) x 1 E (B) x 1,5 E (H)
1 Räucheraltar	30, 1	2 E (H) x 1 E (B) x 1 E (L)
1 Bundeslade	25, 10	2,5 E (L) x 1,5 E (B) x 1,5 E (L)
Teppiche / Vorhänge / Zelttuch:		
10 Teppich 1	26, 2	28 E (L) x 4 E (B)
11 Teppich 2	26, 7	30 E (L) x 4 E (B)
1 Teppich 3	26, 14	A: 36 E (B) x 43 E (L)
1 Teppich 4	26, 14	A: 36 E (B) x 43 E (L)
2 Trennvorhang	26, 31	A: 10 E (L) x 10 E (B)
1 Zelttuch	27, 9	280 E (L) x 5 E (H)
1 Vorhang – Eingang	27, 16	5 E (H) x 20 E (L)
Salböl / Räucherwerk		
Myrrhe	30, 22–33	500 Lot
Zimt	30, 22–33	250 Lot
Kalmus	30, 22–33	250 Lot
Kassia	30, 22–33	500 Lot
Olivenöl	30, 22–33	1 Kanne
Balsam	30, 34–38	
Stakte	30, 34–38	
Galbanum	30, 34–38	
Weihrauch	30, 34–38	
Salz	30, 34–38	

Legende: L = Länge B = Breite D = Dicke A: Annahme E: Elle

Größe/Gewicht (heute)	Gesamt-gewicht	DM-Betrag einzeln	DM-Betrag total
A: 2,5 m (H) x 0,25 m (B)			
x 0,25 m (D)		318,0	19.082,—
	971,5	24.719,—	24.719,—
2,3 m (B) x 2,3 m (L)			
x 1,38 m (H)			
4,6 m (L) x 0,69 m (B)			
A: 0,23 m (D)	28.032,0	1.188,—	57.060,—
A: 4,6 m (L) x 0,23 m (B)			
A: 0,23 m (D)	1.946,0	396,—	3.566,—
0,92 m (L) x 0,46 m (B)			
x 0,69 m (H)			
0,92 m (H) x 0,46 m (B)			
x 0,46 m (L)	218,29	5.555,—	5.555,—
1,15 m (L) x 0,69 m (B)			
x 0,69 m (H)			
12,88 m (L) x 1,84 m (B)			
13,8 m (L) x 1,84 m (B)			
A: 16,6 m (B) x 19,8 m (L)			
A: 16,6 m (B) x 19,8 m (L)			
A: 4,6 m (L) x 4,6 m (B)			
128,8 m (L) x 2,3 m (H)			
2,3 m (H) x 9,2 m (L)			
(100 g = 12,50 DM)	6	750,—	
(100 g = 10,60 DM)	3	318,—	
(100 ml = 68,0 DM)	3	2.040,—	
	6		
(1 l = 17,40)	6,6 l	114,84	
(50 g = 40,0)			
(100 g = 5,40)			

2. Reiseroute und Verzeichnis der Lagerplätze

(Zeitangaben jeweils nach Auszug aus Ägypten)

Position	2. Mose	4. Mose	Ort
1)		33, 3	Start von Ramses = Avaris
2)	13,20	33, 5	Sukkoth
3)	13,20	33, 6	Etham
4)	14,2	33, 7	Pihachiroth / Lager Migdol + Meer Baal – Zephon
5)	14, ff	33, 8	durchs Meer + Wüste Etham n.Mara, (Schur 2. Mose 15, 33)
6)	14, ff		Durchzug durch das Rote Meer
7)	15,27	33, 9	Elim
8)		33, 10	Schilfmeer
9)	15, 22		Schilfmeer nach Schur
10)	16, 1	33, 11	Wüste Sin
11)		33, 12	Dophka
12)		33, 13	Alusch
13)	17, 1	33, 14	Raphidim / Fels Horeb (Massa + Meriba) (2. Mose 17, 6)
14)		33, 15	Wüste Sinai gegenüber dem Berg
15)			Bau Stiftshütte Aufrichtung Stiftshütte
16)		33, 16	Lustgräben
17)		33, 17	Hazeroth
18)		33, 18	Rithma
19)		33, 19	Rimmon-Perez
20)		33, 20	Libna
21)		33, 21	Rissa
22)		33, 22	Kehelatha
23)		33, 23	Gebirge Schepher
24)		33, 24	Harada
25)		33, 25	Makheloth
26)		33, 26	Tahath
27)		33, 27	Tarach

Jahr 1 n. A. (nach Auszug) = 1400 v. Chr.

(Alle Angaben nach biblischen Daten)

Position	Zeit	Bibelstelle
1)	15 T., 1 M	4. Mose 33, 3
2)		
3)		
4)		
5)	= 3 Tagereisen	4. Mose 33,8
		2. Mose 15, 22
6)	1 T., 2 M., 1 J.	
7)		
8)		
9)	Dauer 3 Tage.	
10)	15 T., 2 M. 1 J.	2. Mose 16, 1
11)		
12)		
13)		
14)	an: 1 T., 3 M.	2. Mose 19, 1
	ab: 20 T.,2 M.,2 J.	4. Mose 10, 11
15)	Dauer 10 Monate	
	1 T., 1 M., 2 J.	2. Mose 40, 2
16)		
17)	7 Tage warten	4. Mose 12, 15
	ab:	4. Mose 12, 16
18)		
19)		
20)		
21)		
22)		
23)		
24)		
25)		
26)		
27)		

Position	2. Mose	4. Mose	Ort
28)		33, 28	Mithka
29)		33, 29	Haschmona
30)		33, 30	Moseroth
31)		33, 31	Bene-Jaakan
32)		33, 32	Hor-Haggidgad
33)		5./10, 6	Bene-Jaakan nach Moser
34)		5./10, 7	Moser nach Gudgoda, Ziel Jobatha
35)		33, 33	Jobatha
36)		33, 34	Abrona
37)		33, 35	Ezjon-Geber
38)		33, 36	Wüste Zin= Kadesch / Wüste Paran
39)		33, 37	Berg Hor
40)		33, 38	Tod Aarons auf dem Hor
			Trauerzeit um Aaron
41)		33, 41	Zalmona
42)		33, 42	Punon
43)		33, 43	Oboth
44)		33, 44	Ijjim-Abarim
45)		33, 45	Dibon-Gad
46)		33, 46	Almon-Diblathasim
47)		33, 47	Gebirge Abarim östl. vom Berg Nebo
48)		33, 48	Jordantal bei Jericho
49)		33, 49	Lager: Beth-Jeschimoth bis Abel-Schittim

Hinweis: Tourdauer gesamt: 40 Jahre (2. Mose 16,35)

Legende: T. = Tag, M. = Monat, J. = Jahr
1. Monat = Monat Abib

Position	**Zeit**	**Bibelstelle**
28)		
29)		
30)		
31)		
32)		
33)		
34)		
35)		
36)		
37)		
38)	an: 1 M., ?J.	4. Mose 20, 1
	ab:	4. Mose 20, 22
39)	ab:	4. Mose 21, 4
40)	1. T., 5 M., 40. J.	4. Mose 33,38
41)		
42)		
43)		
44)		
45)		
46)		
47)		
48)		
49)	Ende 40-. J.	2. Mose 16, 35

3. Wanderkarte des Volkes Israel

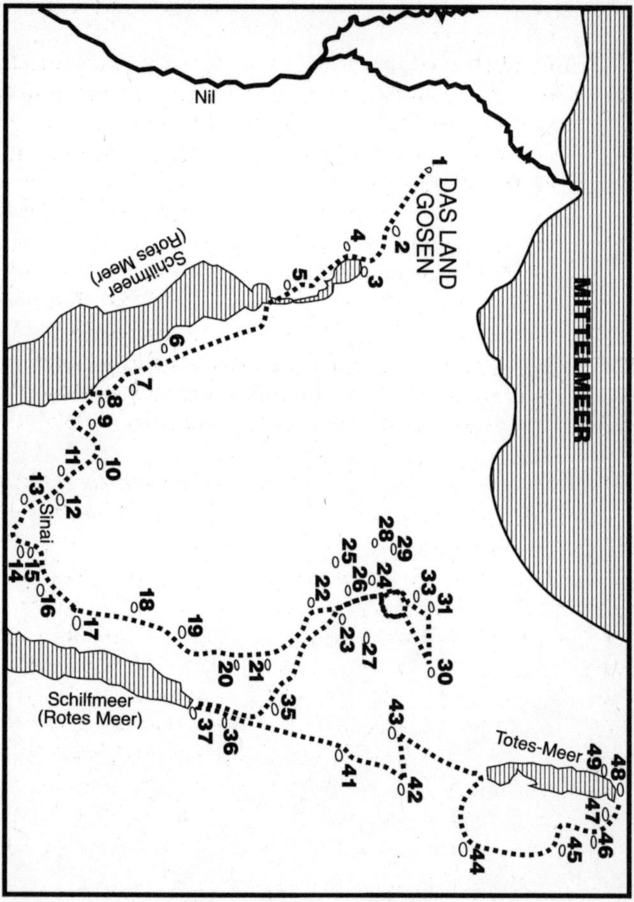

4. Biblische Maße und Größeneinheiten

Längenmaße:

1 Elle	= ca. 46 cm
1 Spanne	= ca. 23 cm
1 Handbreite	= ca. 23 cm

Hohlmaße für Flüssigkeiten:

1 Faß		= ca. 393 l
1 Eimer	= 1/10 Faß	= ca. 39,3 l
1 Kanne	= 1/6 Eimer	= ca. 6,6 l

Hohlmaße für trockene Dinge:

1 Sack		= ca. 393 l
1 Scheffel	= 1/10 Sack	= ca. 39,3 l
1 Maß	= 1/3 Scheffel	= ca. 13,1 l
1 Krug	= 1/10 Scheffel	= ca. 3,9 l
1 Handvoll		= ca. 0,5 l

Gewichte:

1 Zentner	= 3.000 Lot	= ca. 33,6–36,6 kg
1 Pfund	= 50 Lot	= ca. 0,6 kg
1 Lot		= ca. 11,2–12,2 g
1 Gramm	= 1/20 Lot	= ca. 0,5 g

5. Zugaufstellung des Volkes Israel

(Die Anzahl der Frauen und Kinder sind von mir angenommen worden.)

Pos.	1. Stelle 4. Mose	2. Stelle 4. Mose	Stamm	Mann	Frau
1)	1,27	2,3–9	Juda	74.600	74.600
2)	1,29	2,3–9	Isaschar	54.400	54.400
3)	1,31	2,3–9	Sebulon	57.400	57.400
		2,9	Gesamt	186.400	
4)	2,17	3,22	Gerson	7.500	7.500
	4,38–40		Mitarbeiter	2.630	
5)		3,28	Kehath	8.600	8.600
	4,34-36		Mitarbeiter	2.750	
6)		3,33	Merari	6.200	6.200
	4,42–44		Mitarbeiter	3.200	
	3,39		Gesamt	22.000	
			Mose, Aaron	300	
	4,46-48		Mitarbeiter	8.580	
7)	1,21	2,10–16	Ruben	46.500	46.500
8)	1,23	2,10–16	Simeon	59.300	59.300
9)	1,25	2,10–16	Gad	45.650	45.650
	2,16		Gesamt	151.450	
10)	1,33	2,18–24	Ephraim	40.500	40.500
11)	1,35	2,18–24	Manasse	32.200	32.200
12)	1,37	2,18–24	Benjamin	35.400	35.400
	2,24		Gesamt	108.100	
13)	1,39	2,25–31	Dan	62.700	62.700
14)	1,41	2,25–31	Asser	41.500	41.500
15)	1,43	2,25–31	Naphtali	53.400	53.400
	2,31		Gesamt	157.600	
	1,46	2,32	Gesamt	603.550	603.550
			Ges. + Leviten	**625.850**	**625.850**

Pos.	Kinder	Total	Tätigkeit	Stelle 4.Mose
1)	298.600	447.600		
2)	217.600	326.400		
3)	229.600	344.400		
		1.118.400		
4)	30.000	45.000	Stiftshütte komplett (Wohnung, Zelt, Decken, Vorhang, Umhänge, Seile)	3, 25
5)	34.400	51.600	Mobiliar Stiftshütte (Lade, Geräte, Tisch, Vorhang, Leuchter Altäre)	3,31
6)	24.800	37.200	restliche Stiftshütte (Bretter, Säulen, Riegel, Füße, Pflöcke, Seile)	3,36
		133.800		
7)	186.000	279.000		
8)	237.200	355.800		
9)	182.600	273.900		
		908.700		
10)	162.000	243.000		
11)	128.800	193.200		
12)	141.600	212.400		
		648.600		
13)	250.800	376.200		
14)	166.000	249.000		
15)	213.600	320.400		
		945.600		
	2.503.400	**3.755.100**		

6. Bauskizze

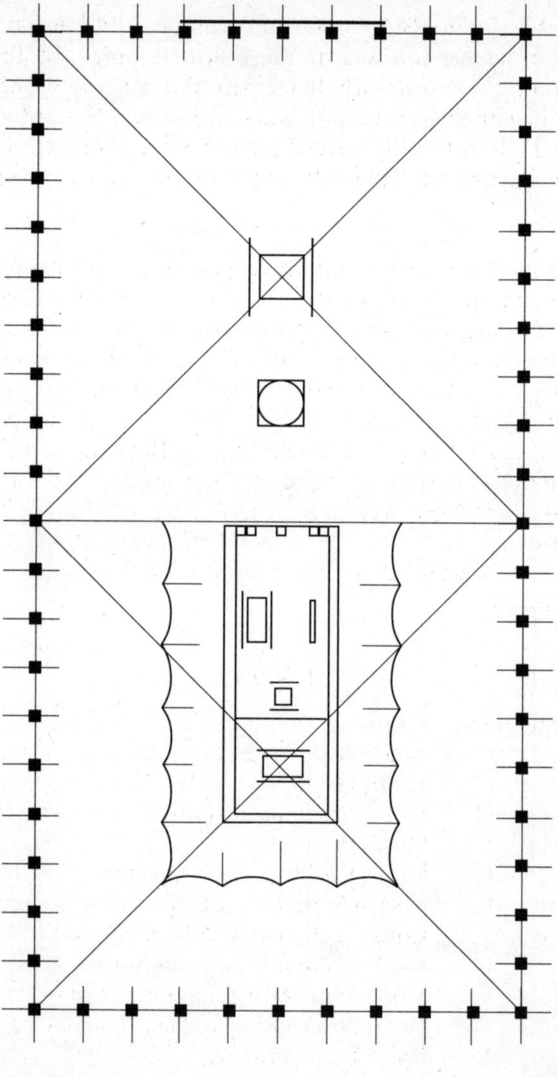

7. Stichwortverzeichnis – Bibeltexte

Um bestimmte Bibeltexte rund um die Stiftshütte besser finden zu können, wurde diese Aufstellung erstellt. Sie enthält die einzelnen Überschriften der Kapitel und deren jeweilige Kapitelangaben. So können Sie entweder einen Überblick über ein einzelnes Kapitel erhalten oder eine bestimmte Textstelle und die genaue Versangabe finden.

Angaben, die in Klammern gesetzt sind, sind Kommentare von mir. Bei der Erstellung der Bibelarbeit fand ich u.a. heraus, daß alle Angaben zur Stiftshütte zweimal vorhanden sind. Zum einen ist dies die Anweisung Gottes an Mose, wie er die Stiftshütte zu bauen hat. Ein paar Kapitel später berichtet Mose, wie er die Stiftshütte gebaut hat. Um diese beiden Berichte auseinanderhalten zu können, habe ich dem einen Text die Bemerkung (Anweisung) gegeben. Dies ist der Text mit Gottes Anweisungen für Mose. Der zweite Bericht (Bericht) beschreibt dann den Bau unter der Anleitung des Mose.

2. Mose:

Kapitel	*Vers*	*Inhalt*
1	1	Israels Bedrückung in Ägypten
2	1	Moses Geburt und wunderbare Errettung
	11	Moses Flucht nach Midian
3	1	Moses Berufung
4	18	Moses Rückkehr nach Ägypten
5	1	Noch härtere Bedrückung Israels
6	2	Erneuter Bericht über Moses Sendung
	14	Die Vorfahren Moses und Aarons
7	1	Moses erstes Wunder vor dem Pharao
	14	Die 1. Plage:Verwandlung d. Gewässer i. Blut
	26	Die 2. Plage: Frösche

Kapitel	*Vers*	*Inhalt*
8	12	Die 3. Plage: Stechmücken
	16	Die 4. Plage: Stechfliegen
9	1	Die 5. Plage: Viehpest
	8	Die 6. Plage: Blattern
	13	Die 7. Plage: Hagel
10	1	Die 8. Plage: Heuschrecken
	21	Die 9. Plage: Finsternis
11	1	Die 10. Plage: Tötung der Erstgeburt
12	1	Einsetzung des Passahfestes
	29	Das Sterben der Erstgeburt Ägyptens / Der Auszug Israels
13	1	Heiligung der Erstgeburt Israels. Fest der ungesäuerten Brote
	17	Die Wolken- und Feuersäule
14	1	Israels Durchzug durchs Schilfmeer
15	1	Moses Lobgesang
	22	Israel in Mara und Elim
16	1	Speisung mit Wachteln und Manna
17	1	Israel in Masse und Meriba
	8	Sieg über die Amalekiter
18	1	Jethros Besuch bei Mose
	13	Einsetzung von Helfern für Mose
19	1	Ankunft am Sinai. Zurüstung des Volkes. Erscheinen des Herrn
20	1	Die zehn Gebote
	22	Vom rechten Gottesdienst in Israel
21	1	Rechtsordnungen
	2	Rechte hebräischer Sklaven
	12	Vergehen gegen Leib und Leben
	33	Ersatzleistungen
22	17	Todeswürdige Vergehen
	20	Rechtsschutz für die Schwachen
	27	Einzelne Gebote der Gottesfurcht
23	1	Gebote der Gerechtigkeit und Nächstenliebe
	10	Sabbatjahr und Sabbat
	14	Die drei großen Jahresfeste. Opfervorschrift.
	20	Mahnungen und Verheißungen für die Zukunft

Kapitel	*Vers*	*Inhalt*
24	1	Der Bundesschluß am Sinai
	12	Mose soll die Gesetzestafeln empfangen
25	1	Gesetze für die Stiftshütte
	1	Gaben für die Stiftshütte
	10	Die Bundeslade (Anweisung)
	23	Der Tisch für die Schaubrote (Anweisung)
	31	Der Leuchter (Anweisung)
26	1	Die Stiftshütte (Anweisung)
27	1	Der Brandopferaltar (Anweisung)
	9	Der Vorhof (Anweisung)
	20	Das Öl für die Leuchter (Anweisung)
28	1	Die Kleidung der Priester (Anweisung)
29	1	Weihe der Priester und d. Altars (Anweisung)
	38	Das tägliche Opfer
30	1	Der Räucheraltar (Anweisung)
	11	Die Steuer für das Heiligtum
	17	Das kupferne Becken (Anweisung)
	22	Salböl und Räucherwerk (Anweisung)
31	1	Berufung der Kunsthandwerker für die Stiftshütte (Anweisung)
	12	Gebot der Sabbatfeier
	18	Übergabe der zwei Gesetzestafeln an Mose
32	1	Das goldene Stierbild
	7	Moses Fürbitte
	15	Die Strafe für den Abfall
	30	Die Demütigung des Volkes
33	7	Das heilige Zelt. Gottes Umgang mit Mose
	12	Mose begehrt, des Herrn Herrlichkeit zu schauen
34	1	Neue Gesetzestafeln. Bundesschluß und Bundespflichten
	29	Der Glanz auf Moses Angesicht
35	1	Die Errichtung der Stiftshütte
	1	Die Sabbatordnung
	4	Freiwillige Gaben für die Stiftshütte
	30	Berufung der Kunsthandwerker (Bericht)
36	8	Die Herstellung des Heiligtums (Bericht)

Kapitel	*Vers*	*Inhalt*
37	1	Die Bundeslade (Bericht)
	10	Der Tisch für die Schaubrote (Bericht)
	17	Der Leuchter (Bericht)
	25	Räucheraltar, Salböl, Räucherwerk (Bericht)
38	1	Der Brandopferaltar und das kupferne Becken (Bericht)
	9	Der Vorhof (Bericht)
	21	Die Aufwendungen für das Heiligtum
39	1	Die Kleidung der Priester (Bericht)
	32	Mose prüft die vollendeten Arbeiten
40	1	Aufrichtung und Einweihung der Stiftshütte
	34	Der Herr bekennt sich zu seinem Heiligtum

3. Mose:

Kapitel	*Vers*	*Inhalt*
1	1	Gesetz über Brandopfer
2	1	Gesetz über Speisopfer
3	1	Gesetz über Dankopfer
4	1	Gesetz über Sündopfer
5	14	Vom Schuldopfer
6	1	Vom Brand-, Speis- und Sündopfer
7	1	Weitere Opfergesetze
8	1	Mose weiht Aaron und seine Söhne zum Priesteramt
9	1	Das erste Opfer Aarons und seiner Söhne
10	1	Der Tod Nadabs und Abihus und seine Folgen
11	1	Gesetz über reine und unreine Tiere
12	1	Gesetz für die Wöchnerinnen
13	1	Gesetz über die Feststellung von Aussatz
14	1	Gesetz über die Reinigung von Aussätzigen
	33	Gesetz über Aussatz an Häusern
15	1	Gesetz über das Verhalten bei unreinen Ausflüssen
16	1	Gesetz für den großen Versöhnungstag
17	1	Gesetz über die Stätte des Opfers

Kapitel	*Vers*	*Inhalt*
17	10	Verbot des Genusses von Blut und verendeten Tieren
18	1	Verbot geschlechtlicher Verirrungen
19	1	Gesetze zur Heiligung des täglichen Lebens
20	1	Strafbestimmungen für schwere Sünden
21	1	Gesetz für die Priester
22	1	Gesetz über den Genuß der Opfergaben
	17	Die Opfer sollen ohne Mängel sein
	26	Weitere Opfergesetze
23	1	Gesetz über den Sabbat und die jährl. Feste
24	1	Gesetze über die Lampen und Schaubrote
	10	Strafen für Gotteslästerung, Totschlag und Gewalt
25	1	Gesetz über Sabbatjahr und Erlaßjahr
	25	Gesetz über Einlösung im Blick auf das Erlaßjahr
26	1	Segen und Fluch
	40	Umkehr des Volkes und Treue des Herrn
27	1	Was man geloben und nach der Schätzung des Priesters ablösen darf und was nicht

4. Mose:

Kapitel	*Vers*	*Inhalt*
1	1	Zählung der Männer für den Heerbann
2	1	Ordnung der Stämme im Lager und unterwegs
3	1	Aarons Familie. Amt der Leviten
	14	Die Geschlechter der Leviten und ihr Dienst
	40	Die Auslösung der Erstgeburten
4	1	Der Dienst der Leviten beim Aufbruch des Lagers
5	1	Verfahren bei Unreinheit, bei Versündigung und bei Verdacht von Ehebruch
6	1	Das Gesetz über die Gottgeweihten
	22	Der priesterliche Segen
7	1	Weihegaben der Stammesfürsten zur Einweihung der Stiftshütte

Kapitel	*Vers*	*Inhalt*
8	1	Von dem goldenen Leuchter
	5	Weihe der Leviten
	23	Dienstalter der Leviten
9	1	Vorschriften für die Passahfeier
	15	Die Wolken- und Feuersäule über der Stiftshütte
10	1	Vom Blasen der Trompeten
	11	Aufbruch des Volkes vom Sinai
11	1	Mose erhält Beistand. Das murrende Volk wird gestraft
12	1	Miriam wird aussätzig
13	1	Aussendung und Rückkehr der Kundschafter
15	1	Von Speis- und Trankopfern
	22	Über Sünden aus Versehen und aus Vorsatz
	32	Strafe für Sabbatschändung
	37	Von den Quasten an den Kleidern
16	1	Aufruhr und Untergang der Rotte Korach
17	6	Empörung der ganzen Gemeinde gegen Mose und Aaron
	16	Aarons grünender Stab
18	1	Vom Amt und Anrecht der Priester und Leviten
19	1	Vom Reinigungswasser
20	1	Mirjams Tod. Moses Zweifel beim Haderwasser
	14	Die Edomiter verweigern den Durchzug
	22	Aarons Tod
21	1	Sieg über die Kanaaniter im Südland
	4	Mose richtet die eherne Schlange auf
	10	Zug bis an den Arnon und ins Moabiterland
	21	Sieg über die Könige Sihon und Og
22	1	Bileam soll Israel verfluchen, aber er muß es segnen
25	1	Israels Götzendienst mit dem Baal-Peor. Der Eifer des Pinhas für den Herrn
26	1	Neue Zählung der Stämme des Volkes
	57	Die Geschlechter der Leviten

Kapitel	*Vers*	*Inhalt*
27	1	Erbrecht der Töchter
	12	Josua wird zum Nachfolger Moses bestellt
28	1	Gesetze üb. d. regelmäßigen Opfer des Jahres
30	2	Gesetze üb. d. Verbindlichkeit von Gelübden
31	1	Sieg üb. d. Midianiter u. Verteilung d. Beute
32	1	Verteilung des Ostjordanlandes an die Stämme Ruben, Gad und Manasse
33	1	Verzeichnis der Lagerplätze beim Wüstenzug
	50	Befehl zur Vertreibung der Kanaaniter
34	1	Die Grenzen des Landes Kanaans
	16	Namen der Männer, die das Land austeilen sollen
35	1	Von den Städten der Leviten und den Freistädten
	16	Gesetze über Mord und über Totschlag
36	1	Erbtöchter sollen nicht außerhalb des väterlichen Stammes heiraten

5. Mose:

Kapitel	*Vers*	*Inhalt*
1	1	Rückblick auf die Wüstenwanderung vom Horeb bis Kadesch
2	1	Zug durch d. Wüste bis zum Sieg über Sihon
3	1	Sieg über Og von Basan
	12	Die Verteilung des Ostjordanlandes
	23	Mose soll nicht in das gelobte Land kommen
4	1	Ermahnung zum Gehorsam gegen das Gesetz
	41	Freistädte im Ostjordanland
	44	Überleitung zum Gesetz
5	1	Wiederholung der zehn Gebote
	23	Mose als Mittler zwischen Gott und Israel
6	1	Ermahnung zur Liebe und zum Gehorsam gegen den Herrn
7	1	Warnung vor Gemeinschaft mit den Heiden
	12	Verheißung des göttlichen Segens
8	1	Ermahnung zur Dankbarkeit gegen den Herrn

Kapitel	*Vers*	*Inhalt*
9	1	Ermahnung zur Demut
	7	Erinnerung an Israels Untreue
10	1	Die neuen Tafeln des Gesetzes
	6	Aarons Tod. Aussonderung der Leviten
	10	Was der Herr von Israel fordert
11	1	Erinnerung an Gottes Wohltaten
	8	Segen d. Gehorsams – Fluch des Ungehorsams
12	1	Mose verkündigt die Gesetze
	1	Die von Gott erwählte Opferstätte
13	1	Strafe für falsche Propheten und Verführer zum Götzendienst
14	1	Verbot heidnischer Trauergebräuche. Reine und unreine Speisen
	22	Abgabe des Zehnten
15	1	Das Erlaßjahr
	12	Über die Freilassung hebräischer Sklaven
	19	Heiligung der Erstgeburt
16	1	Von den drei jährlichen Hauptfesten
	18	Von den Richtern und Amtleuten
	21	Verbot heidnischer Kultbräuche. Strafe für Abgötterei
17	8	Einsetzung eines Obergerichtes
	14	Das Königsgesetz
18	1	Recht der Priester und Leviten
	9	Von falscher und rechter Prophetie
19	1	Aussonderung von Freistädten als Asyl
	14	Gegen Landraub und falsches Zeugnis
20	1	Kriegsgesetze
21	1	Sühnung eines Mordes v. unbekannter Hand
	10	Ehe mit kriegsgefangenen Frauen
	15	Vom Recht des Erstgeborenen
	18	Todesstrafe für ungeratene Söhne
	22	Bestattung eines Aufgehängten
22	1	Verschiedene Vorschriften
	13	Gesetze zum Schutz der Verleumdeten und Vergewaltigten

Kapitel	*Vers*	*Inhalt*
23	2	Wer in die Gemeinde des Herrn nicht aufgenommen werden darf
	10	Reinhaltung des Kriegslagers
	16	Gebote für das Leben des Volkes
24	1	Weitere Ehegesetze
	6	Das Recht der Schwachen und Armen
25	1	Weitere Schutzbestimmungen
	17	Amaleks Schuld darf nicht vergessen werden
26	1	Darbringung der Erstlingsfrüchte und des Zehnten
	16	Die Bundeszusagen
27	1	Die Denksteine mit dem Gesetz
	11	Die zwölf Fluchworte
28	1	Ankündigung von Segen und Fluch
	69	Der Bund des Herrn mit Israel im Lande Moab
30	1	Die Wahl zwischen Leben und Tod
31	1	Mose setzt Josua zu seinem Nachfolger ein
	9	Alle sieben Jahre soll das Gesetz öffentlich verlesen werden
	14	Gottes Befehl, das Lied des Mose aufzuschreiben
	24	Die Aufbewahrung des Gesetzbuches
	28	Aufforderung an Israel, das Lied des Mose zu hören
32	1	Das Lied des Mose
	44	Moses letzte Mahnung an das Volk
	48	Gott bereitet Mose auf seinen Tod vor
33	1	Mose segnet die Stämme Israels
34	1	Moses Tod

8. Quellenverzeichnis

- „Die Bibel", revidierter Luthertext 1984
  Deutsche Bibelgesellschaft, Stuttgart, 1974

- unbekannt; „Edelsteine erzählen ihr Geheimnis"
  Christliche Schriftenverbreitung, Hückeswagen

- Andre, Georges; „Die Stiftshütte und der Dienst der Leviten"
  Beröa-Verlag, Zürich, 1988

- Andre, Georges; „Die Wüstenwanderung des Volkes Gottes"
  Beröa-Verlag, Zürich, 1979

- Brinke, G. R.; „Die Symbolik der Stiftshütte"
  Ährenleseverlag, Bern, 1956

- Burkhardt, H. / Laubach, F. / Maier, G.; „Der neue Bibelatlas"
  R. Brockhaus, Wuppertal und Zürich,
  Brunnen-Verlag, Gießen

- Dönges, Dr. E.; „Kleine Namenskonkordanz"
  Christliches Verlagshaus, Dillenburg, 1989

- Eising, Hermann; „Bildatlas zur Bibel"
  Evangelische Buchgemeinde, Stuttgart, 1957

- Graf, Marcel; „Gottes Wohnung inmitten eines erlösten Volkes"
  Beröa-Verlag, Zürich, 1988

- Grant, F. W.; „Die symbolische Bedeutung der Zahlen"
  Ernst-Paulus-Verlag, Neustadt/Weinstr., 1989

- Kiene, Paul / Rouw, J.; „Das Heiligtum Gottes in der Wüste Sinai"
  Schulte & Gerth, Asslar, 1976

- Kirk, E.; „Die Stiftshütte"
  Verbreitung biblischer Schriften, Sachsenheim, 1980

- Neumann, Wilhelm; „Die Stiftshütte"
  v. Friedrich Andreas Perthes, Gotha, 1861

- Ouwenel, W. J.; „Der Levitendienst im Hause Gottes“
  Ernst-Paulus-Verlag, Neustadt/Weinstr., 1990

- Ritchie, John; „Von Ägypten nach Kanaan“
  Ernst-Paulus-Verlag, Neustadt/Weinstr., 1988

- Rowley, H. H.; „Atlas zur Bibel“
  R. Brockhaus Verlag, Wuppertal, 1972

- Schäfer, Ortwin; „Verborgene Schönheiten für den Glaubenden“
  Christliche Schriftenverbreitung, Hückeswagen, 1990

- Schick, Conrad; „Die Stiftshütte, der Tempel in Jerusalem, und der Tempelplatz der Jetztzeit“
  Weidmannsche Buchhandlung, Berlin, 1896

- Wartmann, E.; „Die Stiftshütte, Stufen im Glaubensleben“
  unbekannt

Kommentare zu dieser Bibelarbeit

„Eine interessante Arbeit mit nicht alltäglichen Einzelheiten, die einem das Lesen des Alten Testamentes schmackhaft macht. Die Ausführungen sind in besonderer Weise als Ergänzung bereits bestehender Literatur über die Stiftshütte gedacht."
Eckhard Kraska
Leiter Öffentlichkeitsarbeit des Janz Team e.V.

„Die Darstellung aus Sicht eines Kaufmanns ist eine ausgezeichnete Ergänzung zur theologischen Auslegung. Gerade bei einem Thema wie der Stiftshütte bietet es sich an, den Aufbau der Anlage, die Beschaffenheit des Materials und viele andere technische Angaben unter die Lupe zu nehmen. Je mehr man die Stiftshütte unter diesen Aspekten betrachtet, desto mehr kommt man ins Staunen über die meisterhafte Konzeption. Man lernt Gott von einer ganz anderen Seite kennen."
Beate Erdmann
Theologin und Journalistin